コットンの刺繍糸ではじめる日本刺繍

小さな和の文様

秋山博美

美しい日本刺繍をもっと身近に楽しんでもらいたい……そんな思いをこめてこの本を作りました。

絹糸を縒《よ》るところから始める本格的な日本刺繍は独学ではなかなか難しいのですが、この本では、初めてでも手軽に始められるように、一般の刺繍に用いられるコットンの刺繍糸を使った作品をご紹介しています。基本技法を使い、丁寧に刺していくことで、針目のそろった繊細な風合いや多彩な表現をすることができるので、日本刺繍の入門書として楽しんでいただけたらと思っています。

図案は伝統文様をベースに、バッグや小物、シャツなどにあしらって使える小さな文様をデザインしました。古くから愛されてきた文様ですが、今の暮らしにも取り入れたくなる造形的で斬新なデザインのものが多く、刺繍糸の色や刺し方でさらに個性豊かな作品に仕上げることができます。

この一冊を入り口に、奥深く、また今なお新鮮な日本刺繍の世界に触れていただけたらうれしいです。

秋山博美

この本の刺繍について

コットンの刺繍糸を使う

日本刺繍は本来、釜糸（縒っていない絹糸）を好みの太さに縒って使いますが、この本では、縒る必要のないフランス刺繍用のコットンの刺繍糸（DMC25番刺繍糸）を使っています。

布を木枠に張り、両手で刺す

日本刺繍は布を刺繍台に固定して刺すのが基本です。右手は布の上側、左手は布の下に入れて両手で刺すことで、正確な位置に針を出し入れしたり、針目をきっちりとそろえて刺すことが可能になります。この本では、専用の刺繍台がなくても、画材の木枠を使ったり、市販の刺繍スタンドを使って布を張る手軽な方法をご紹介しています。

日本刺繍の基本技法で刺す

日本刺繍の刺し方はフランス刺繍と共通点も多いのですが、美しく仕上げるための工夫が凝らされ、飾り繍いなどの独特の技法もあります。数ある技法の中から、コットンの刺繍糸で刺しやすい基本的な技法を使って制作します。

目次

横見茶の実 5
捻《ね》じ梅 6
細川家三ツ割桜 7
根付き松 8
松 9
光琳菊 10
瓜と鉢 11
蒲公英《たんぽぽ》 12
薊《あざみ》 13
熊手 14
吹寄せ 15
千鳥と干し網 16
雷雲 18
曲馬《きょくば》 19

雪輪 20
雪花《せっか》 21
組紐 22
槍袋 24
矢 25
家紋 26-27
月落桜《つきおちざくら》 梅鶴 ふくら雀 深冠笠《ふかかんむりがさ》
籠 28
鹿 30
柳に燕 31
蛍 32
蝶 33
玩具 34
唐子 35

基礎繍い 36

+ 材料と道具 38
+ 刺繍枠に布を張る／図案を写す 40
+ 図案を刺繍する 43
+ 刺繍の手順 49
+ 刺繍の基本 51
+ 繍い方 54
+ 作品の図案と繍い方 62-95

和の文様と図案 48

横見茶の実

仏教の伝来とともに
遣唐使や留学僧が中国から持ち帰ったと言われる茶の実。
その文様はふっくらとした実の形が
何とも愛らしく、素朴な魅力があります。
橘文から転化されたと言われていて、
違いは実の背後に三枚の葉が配置されているのが橘文、
ないのが茶の実文です。

▼図案43ページ

捻《ね》じ梅

梅は古来から日本人に親しまれてきた花。
菅原道真《すがわらのみちざね》が梅を愛したことから、
天満宮の紋章として用いられるようになり、
たくさんの種類の梅文が生まれています。
捻じ梅はその名のとおり、
花弁がねじれた形で軽やかな動きのある図案です。

▼図案62ページ

細川家三ツ割桜

平安時代に貴族に愛好された桜は、
衣服や調度品などさまざまな意匠に使われてきました。
桜文は古くから神社の紋章（神紋）に多く用いられたほか、
鎌倉時代から武家の家紋にも使用されています。
この家紋は細川家のもので、
丸を三分割して配置された桜の花と葉が斬新です。

▼図案63ページ

根付き松

現代でも京都では、年神様をお迎えする正月飾りとして根が付いたままの松を門に飾る風習があります。これには生活が根付き、成長し続けるという意味があり、縁起文様として、さまざまな意匠に使われています。

▼図案64ページ

松

松は延命長寿のおめでたい吉祥文として、古来から大切にされてきました。
松の輪郭のみをシンプルに表した文様は、
平繍い(37ページ参照)で下地をうめてから、金糸で松葉の模様を刺繍しています。

▼図案65ページ

光琳菊

江戸中期の画家尾形光琳の画風から
生まれた光琳菊は、
丸い花の輪郭と花心の点で表される意匠が魅力的で、
工芸品や和菓子など、
現代も愛されているモチーフです。
この光琳菊は、
少し表情のある形の大小の花を図案にし、
明るい色の糸で刺して
のどかな秋の風景を表現しました。

▼図案66ページ

瓜と鉢

瓜は、実の形や模様、葉やつるの形がおもしろく、
江戸時代の着物の型染めや、
器の色絵の文様としても取り入れられています。
この作品は古九谷の器の色絵を元に図案を起こし、
刺繍したものです。
古九谷独特の緑、紺青、紫、黄の配色を
数ある色糸の中から探すのも楽しい作業でした。

▼図案67ページ

蒲公英《たんぽぽ》

春の花、蒲公英は可憐なイメージですが、
無数の花弁が集まった小さな花と
地面に広がるぎざぎざの葉が造形的で、
能や狂言の装束の文様によく見られます。
藍の布に白く型染めした
狂言の肩衣《かたぎぬ》のデザインを参考に、
白糸で刺繡してみました。

▼図案70ページ

薊《あざみ》

春から秋にかけて咲く薊は西洋では、
紋章や、ガラスなどの
工芸品の装飾、手芸品のモチーフとしても
昔から愛されてきました。
日本では、江戸時代になってから
意匠化されるようになったといいます。
球形の大きな花と、とげに存在感があり、
日本刺繍独特の組み繍いで表現しました。

▼図案68、69ページ

熊手

先に熊の手のように曲がったつめ状のものをつけた、木の葉などをかき集めるのに使う竹製の道具です。

文様として単体では使われることは少ないですが、落ち葉や風景と組み合わせて秋の風物として意匠化されています。

▼図案71ページ

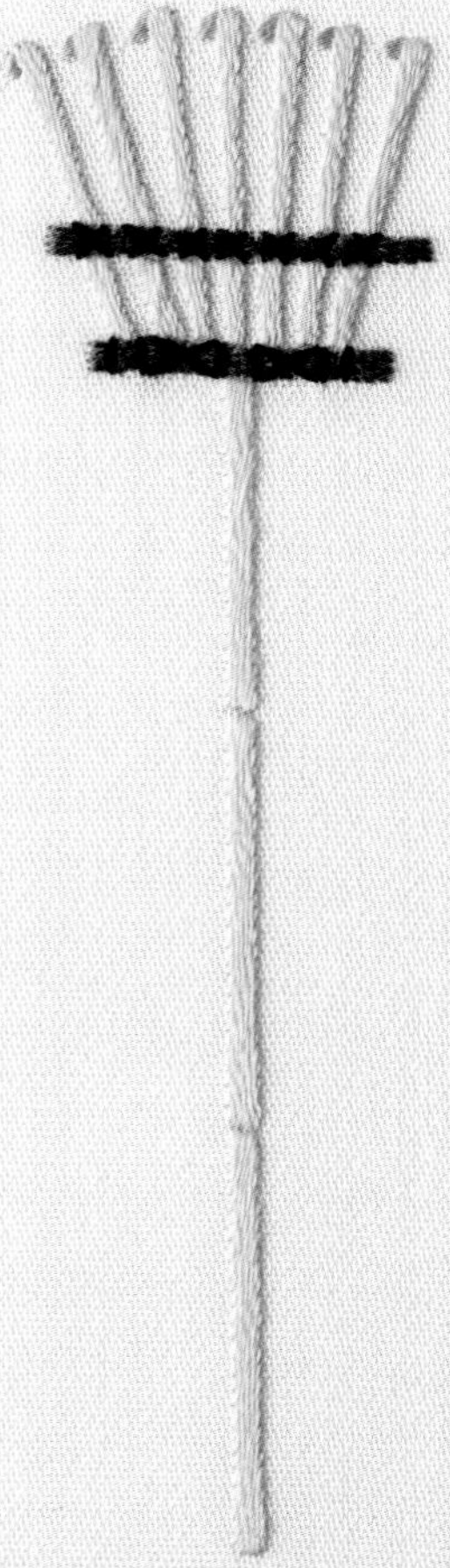

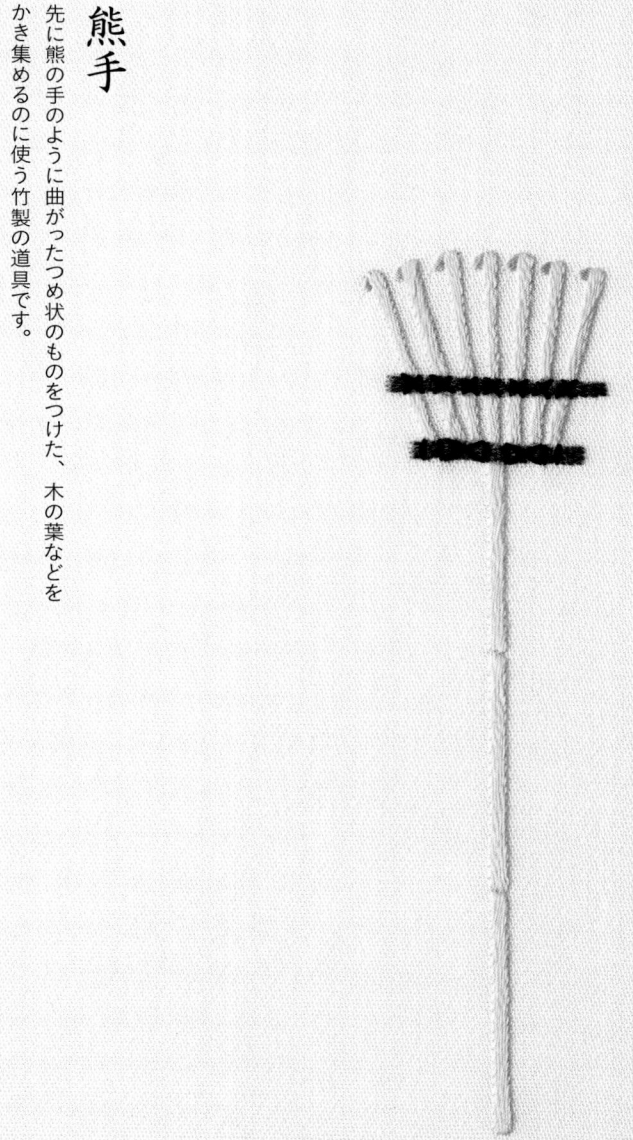

吹寄せ

秋風が吹いたあと、落ち葉が寄せ集められた様子を表しています。松葉、銀杏、紅葉などさまざまな葉の〝吹寄せ〟は、〝富貴寄せ〟とのごろ合せから、縁起文様としても用いられています。

▼図案72ページ

千鳥と干し網

ふっくらとした体にちょこんと足をつけたユーモラスな千鳥の文様は江戸時代初期に流行した琳派の影響を受けたもの。

特に漁師用の網をさおにつるした干し網と千鳥の組合せは海辺ののどかな風情をあらわして、人気の図案です。

▼図案74、75ページ

雷雲

渦巻く雲を表わした霊芝雲《れいしうん》の文様を粒々の相良《さがら》繍《ぬ》い(37ページ参照)で刺しうめて立体的に表現しました。雲の文様はほかにもたなびく雲を描いた源氏雲、雲と龍を描いた雲龍文など、さまざまな文様が各時代で生まれています。

▼図案76ページ

曲馬

江戸時代の絵師、山東京傳《さんとうきょうでん》が日常の風物を独特の感性でとらえ、
小紋の文様に見立てた画文集『小紋雅話』。
その中でも曲馬小紋は、躍動感のある図柄が目を引きます。
もともとは小紋の連続柄ですが、
刺繍にすると柄一つでも存在感があります。

▼図案77ページ

雪《ゆき》輪《わ》

雪の結晶を丸くかたどり、
表面に凹凸を表して図案化したものが雪輪。
雪輪の中にはさまざまな文様が描かれることが多いですが、
輪郭が美しいので、相良繍い(37ページ参照)の粒で線を刺しうめて表現しています。

▼図案80ページ

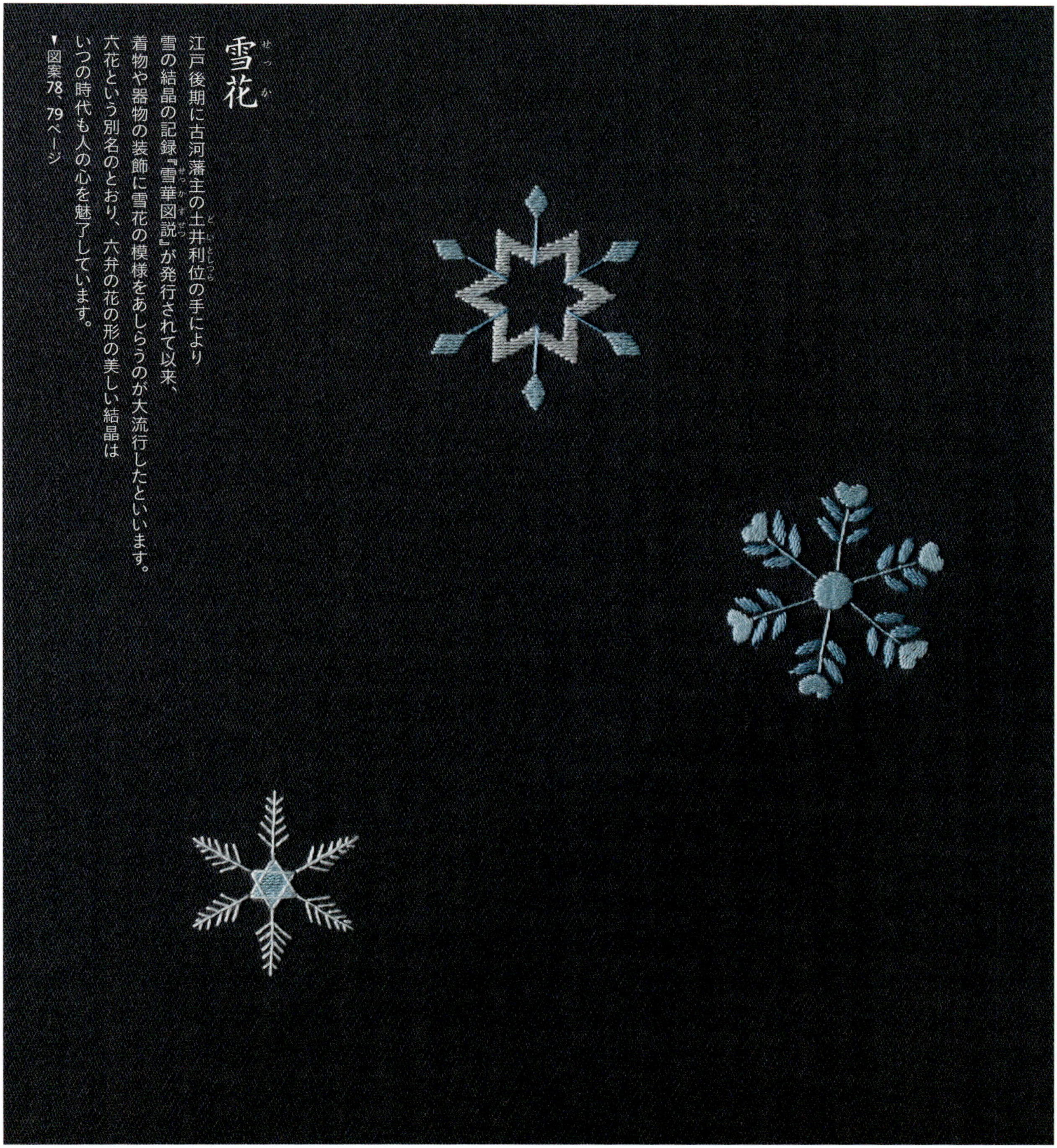

雪花《せっか》

江戸後期に古河藩主の土井《どい》利位《としつら》の手により
雪の結晶の記録『雪華図説《せっかずせつ》』が発行されて以来、
着物や器物の装飾に雪花の模様をあしらうのが大流行したといいます。
六花という別名のとおり、六弁の花の形の美しい結晶は
いつの時代も人の心を魅了しています。

▼図案78、79ページ

組紐

組紐は古来から、巻物や仏具、茶道具などの飾り紐として使われ、刺繍の図案にも用いられてきました。日本刺繍には何種類もの組紐の繍い方があり、繊細な紐の風合いを表現することができます。この作品は組紐を中押え繍いで立体感を出し、房は糸の輪郭を金糸で刺して平面的に表現。刺し方の組合せで個性を出してみました。

▼図案81ページ

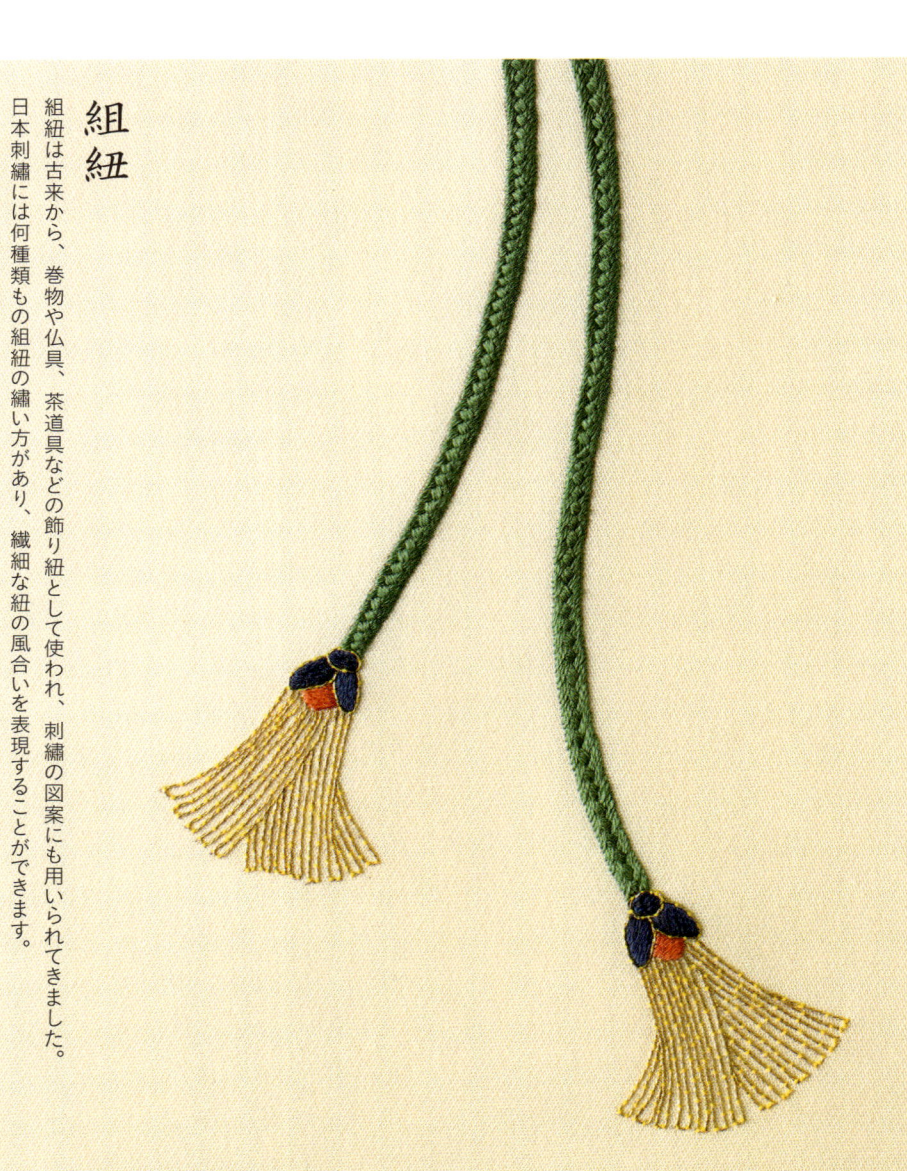

槍袋

槍の穂先を保護する袋を図案化した文様。
槍の形に合わせた多彩なフォルムが新鮮です。
槍袋は文様として多くは用いられていませんが、
狂言の肩衣《かたぎぬ》の意匠にダイナミックに使われたものがあります。

▼図案82、83ページ

矢

矢はその形のおもしろさから、家紋をはじめ、
さまざまな文様に使われてきました。
武具であるとともに、魔除けとして正月に
神社や寺から参拝客に授与される破魔矢があり、
縁起文様としても扱われています。

▼図案88ページ

家紋

家紋は古くは平安時代に公家の人々が自家用の牛車に好みの文様をしるしたのが始まりで、そのあと、武家が旗や武具などに家の紋をつけるようになり、それが庶民にも広まったと言われています。

家紋の素材は植物、動物、器物、幾何学形、自然現象などさまざまです。家紋の伝統的な技法としては上絵がき、刷り、刺繍の三つがありますが、ここでは型染め(ステンシルなど)で染めた紋の上に、刺繍で輪郭やディテールを際立たせています。

梅鶴

おめでたい鶴と梅を組み合わせた家紋。

月《つき》落《おち》桜《ざくら》

月の光を受けた桜の花の美しさを表わしています。

深《ふか》冠《かんむり》笠《がさ》

外出するときにかぶる笠の文様は、
家紋にも多くのバリエーションがあります。

ふくら雀

〝ふくらむ〟が〝福良む〟と同音であることから、
縁起のいい文様とされています。

▼図案84、85ページ

籠

果物や野菜籠から、花器、虫籠、仏具など、
暮らしのさまざまなところで使われる籠の文様は日本刺繍の図案にもよく登場します。
籠の本体を刺した麻の葉文様は日本の伝統的な幾何学文様。
実際に籠編みにも麻の葉編みの技法があります。
麻の葉がすくすくと真っ直ぐに育つところから、赤ん坊に麻の葉文の産着を着せる風習もあり、
私たちの生活になじみの深い文様です。

▼図案86、87ページ

鹿

日本では古来から鹿は、神の使いとして尊ばれてきました。文様としては紅葉や秋草とともに秋の風物として描かれることが多いですが、しなやかな鹿の体や動きを、まつり繍いの線のみで表しています。

▼図案89ページ

柳に燕

初夏の渡り鳥の燕と、枝垂れ柳の組合せは定番の文様。
白い日傘に、長い燕尾を翻して飛びまわる燕の躍動感に満ちた姿が映えます。

▼図案90ページ

蛍

源氏物語の第二十五帖の中で、源氏が几帳《きちょう》の中に蛍を放ち、
その光で夕顔の娘玉鬘《たまかづら》の美しい姿が浮かび上がったという逸話があります。
源氏物語の中でも印象深い情景を思い描きながら、刺繡しました。

▼図案91ページ

蝶

蝶は日本では、古くは奈良時代の
正倉院宝物の中にその文様が見られ、
現代にいたるまで、
実に多種多様な文様が生み出されてきました。
この刺繍は白と薄ピンクの糸のみ、
まつり繍いによる輪郭の刺繍を中心に
可憐な蝶文様を描いてみました。

▼図案94ページ

玩具

子どもの着物によく使われるのが玩具の文様。
馬の首形の春駒は、男の子の玩具で、
馬に見立ててまたがって遊ぶものですが、
元々は獅子舞同様、
正月の門付け芸で使われたものだと言われています。

▼図案92、93ページ

唐子

唐子とは唐風の衣装を着た童子(男の子)のこと。
唐子を題材にした図柄は、
中国唐王朝時代に盛んに描かれ、日本にも伝わりました。
こま回し、たこ揚げなど、
無邪気に遊ぶ姿に当時の暮らしがしのばれます。

▼図案95ページ

基礎繍《ぬ》い

日本刺繍では刺繍することを繍う、刺し方を繍い方といいます。日本刺繍にはさまざまな繍い方がありますが、よく使われるのは数種類の基礎繍いです。基礎繍いは大きく分けると、点を表す繍い方(芥子繍いと相良繍い)、線を表す繍い方(まつり繍い、掛け繍い、とじまわしなど)、面を表す繍い方(繍い切り、平繍い、菅繍いなど)があります。

★図案と使用糸については73ページ、基礎繍いのテクニックについては54〜61ページをご覧ください。

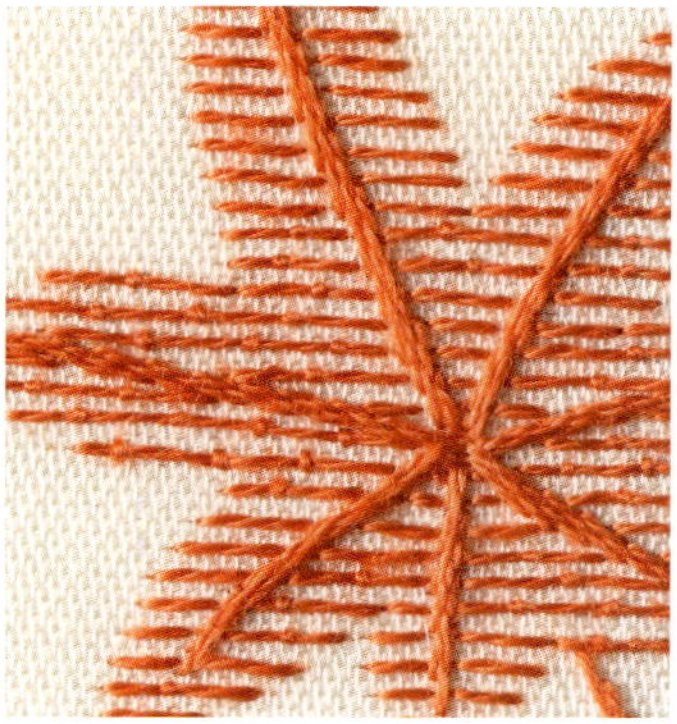

菅《すが》繍い

生地のよこ糸と
よこ糸の溝に平行に
糸を渡していく繍い方です。
糸と糸の間から生地が
透けて見えるのが特徴です。

とじまわし

駒に巻いた糸を
図案にそって別のとじ糸で
とめていく繍い方です。

芥子《けし》繍い

名前のとおり、
芥子粒のような
ごく小さな点を表わします。

平繍い

すべての糸を
平行に並べ、面を
うめていく繍い方です。
（葉脈は掛け繍い、
軸は繍い切り）

まつり繍い

斜めの糸目を
少しずつ重ねて刺して
線を表現します。

相良《さがら》繍い

結び玉を作りながら、
ふくらみのある
小さな点を表現します。

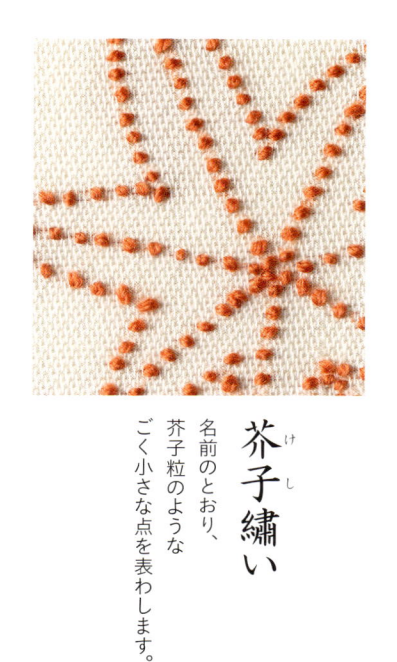

✚ 材料と道具

刺繍糸

本来、日本刺繍では専用の絹糸を手で縒り合わせて使いますが、この本では縒る必要のないコットンのフランス刺繍糸(DMC25番刺繍糸)を使用しています。色数が豊富で、金、銀の糸もあり、布を刺繍台に張り、両手を使って丁寧に刺すことで、繊細な風合いに仕上げることができます。

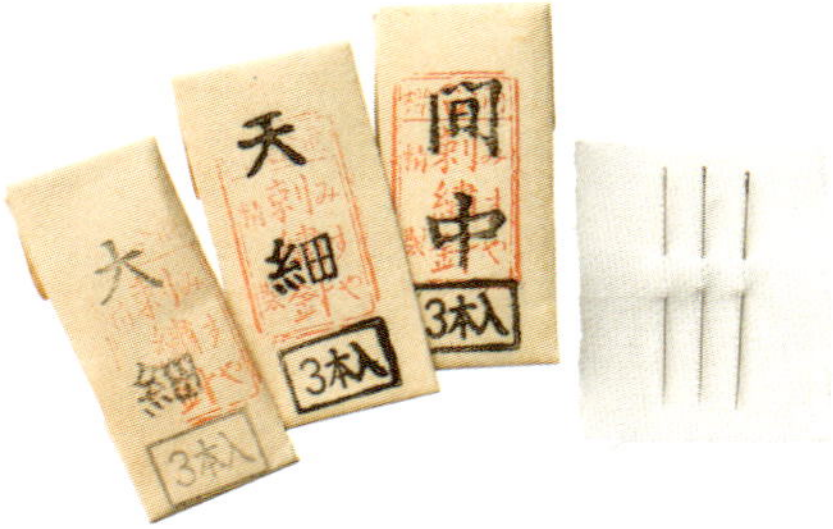

刺繍針

日本刺繍針は両手で刺しやすいように、全体に短く、先が鋭く、針穴の部分が平たくなっています。フランス刺繍糸を使う場合でも、できれば日本刺繍針を使ったほうが繍いやすいでしょう。いろいろな太さがありますが、1本どりの場合は大細や天細、2〜3本どりの場合は間中(相中)、と使い分けてください。日本刺繍針は日本刺繍の材料を扱う手芸店で購入できます(96ページ参照)。フランス刺繍針を使うときは、糸1本どりの場合はNo.9、2〜3本どりの場合はNo.7を使用します。

駒

この本ではとじまわしという技法で刺繍する際、主に金糸や銀糸を巻いて使います。転がらないように角形になっています。日本刺繍の材料を扱う店で購入できます(96ページ参照)。四角い消しゴムなどで代用もできます。

布

日本刺繍でよく使われるのは絹の布で、中でもしっかりと目のつんだ絹帯地、帯裏地は刺繍しやすく、おすすめです。この本の刺繍作品は、ハンカチや傘、バッグ以外はすべて帯地を使用しています。もちろん、仕上げる作品の種類によって、綿や麻など、さまざまな素材の布が使えますが、できるだけ目がつんでいて、織りのしっかりしたものを選ぶことが大切です。

チョークペーパー、ボールペン（または鉄筆）、セロファン

図案を布に写すのに使います。

糸切りばさみ

手に合った強さの握りばさみを使います。

目打ち

布を木枠に張るときに糸をしめたり、針目をかき分けて針止めの芥子繍いをしたりするのに使用します。

三角定規

格子繍いや麻の葉繍いなどで、図案の線を引くときに。

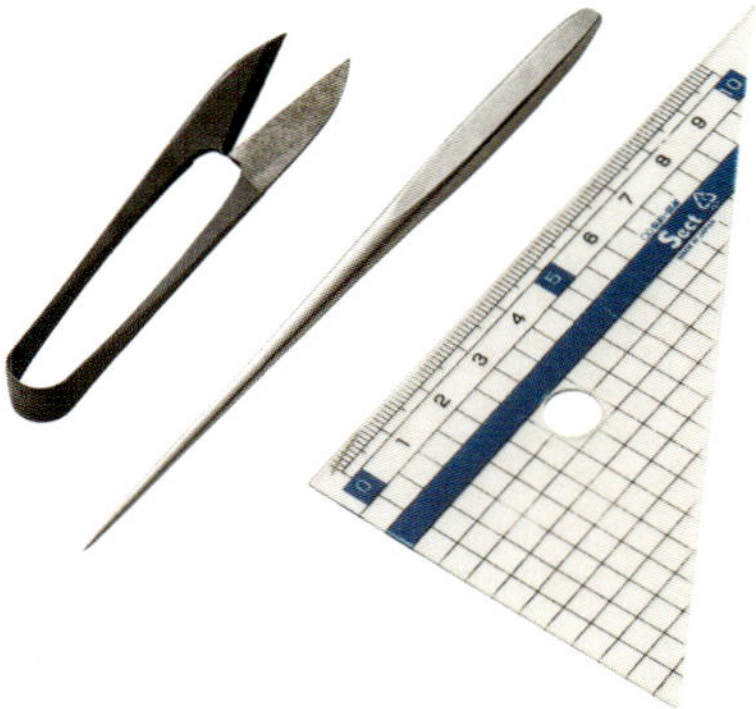

バークランプ

木枠に布を張って刺繍をするとき、刺繍台の両脇をテーブルに固定します。ハンドルがレバー式で、いろいろな厚みの天板に固定することができます。DIY専門店などで購入できます。

木枠

刺繍台の代わりにキャンバスを張る画材の木枠を、刺繍枠として使います。パーツに分かれ、組み立てて使います。張る布の大きさに合わせてサイズを選びます。

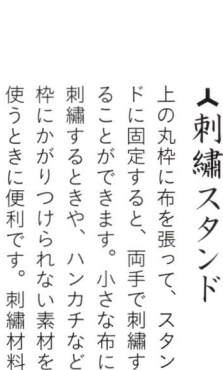

画びょう

木枠に布を固定するときに使います。

ミシン糸

（シャッペスパン30番）

ふとん針

木枠に布をかがりつけるために使います。

刺繍スタンド

上の丸枠に布を張って、スタンドに固定すると、両手で刺繍することができます。小さな布に刺繍するときや、ハンカチなど枠にかがりつけられない素材を使うときに便利です。刺繍材料を扱う手芸店やオンラインショップで購入できます。

＋刺繍枠に布を張る／図案を写す

日本刺繍は刺繍枠に布を張って固定し、両手で刺すのが基本です。ひと手間かけることで針目のそろった美しい仕上りになります。

⋆ここでは刺繍布は帯裏地（両端が耳）、刺繍台の代りにキャンバスの木枠（F6のサイズ）を刺繍枠として使っています。

⋆布端が耳でない場合は、糸のかがり方が違いますので、プロセス9〜13はp.49の図を参照してください。

⋆刺繍布は、木枠に巻きつけられる長さが必要です。それよりも短い場合は、あらかじめ布と同じ幅の別布を、上下両方にミシンで縫い合わせて、長さを足しておきます（ここでは濃紺の綿布を別布として使用）。

⋆そのほか、布張り用には画びょう、かがり用の針（ふとん針）と糸（ミシン糸）、テーブルの固定用にバークランプ、図案を写すのにチョークペーパー、セロファン、ボールペンを用意します。

⋆枠にかがりつけられない小さな布や、既製のものに刺すときは、刺繍スタンド（p.39）などを利用しましょう。

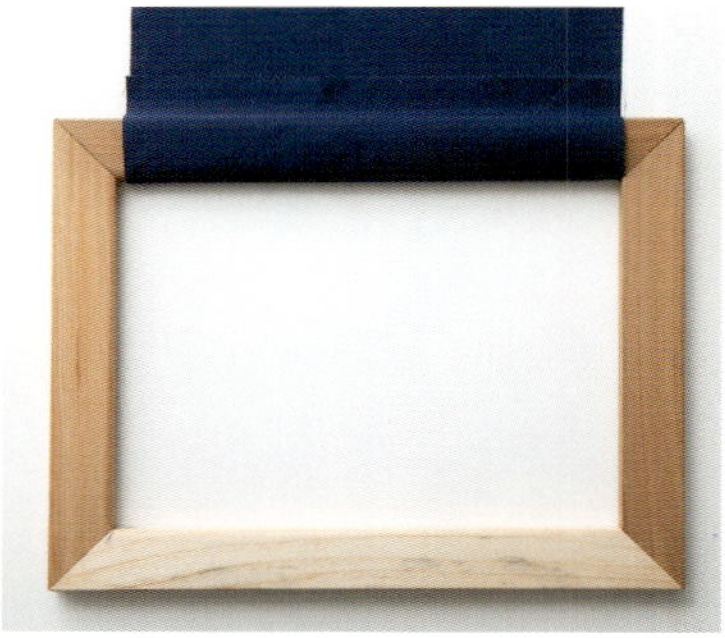

1 布を裏面を上にして置き、下端近くに木枠の長辺をのせ、木枠の幅より少し余裕を持って布を折り返し、枠にそって手で整える（布のよこ糸の方向と枠の長辺は平行になる）。

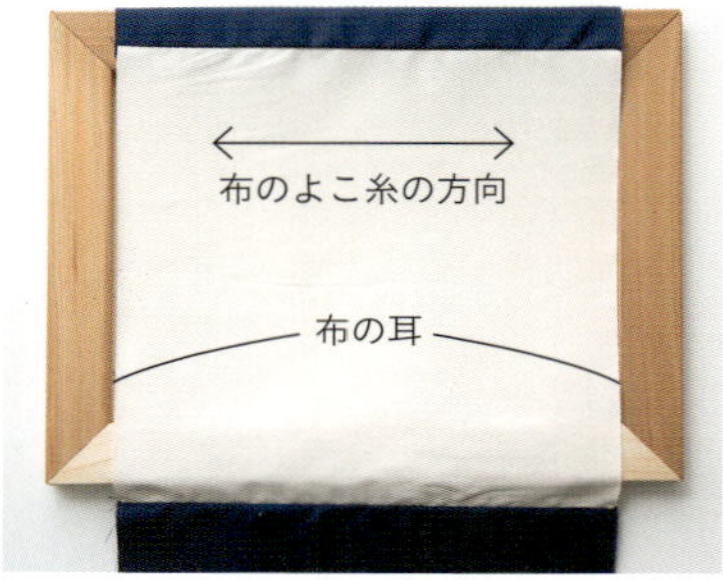

2 布が刺繍しやすい位置にくるまで、枠に数回巻きつけ、再度、布のよこ糸の方向が長辺と平行になるように整えて、下の枠の上にたらす。

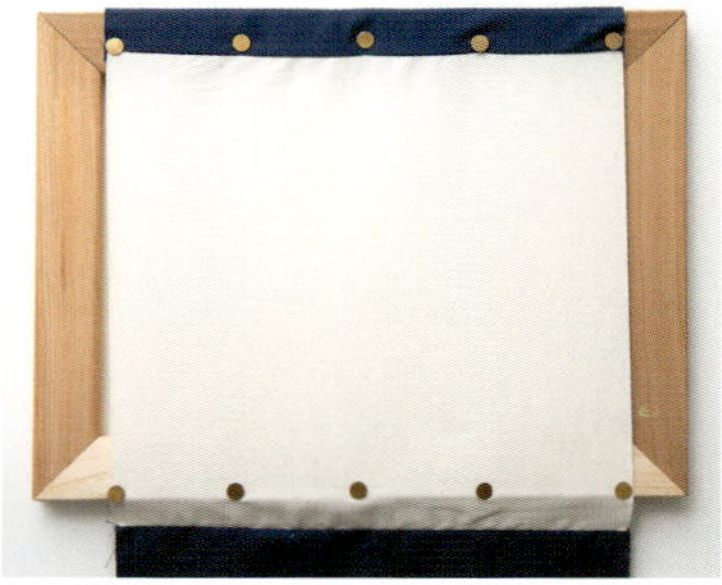

3 布を巻きつけた枠に画びょうを真ん中、両端、中間の順にとめ、布を均等に引いて整え、下の辺も画びょうでとめる。続いて画びょうでとめていない側の枠と布を糸でかがる。

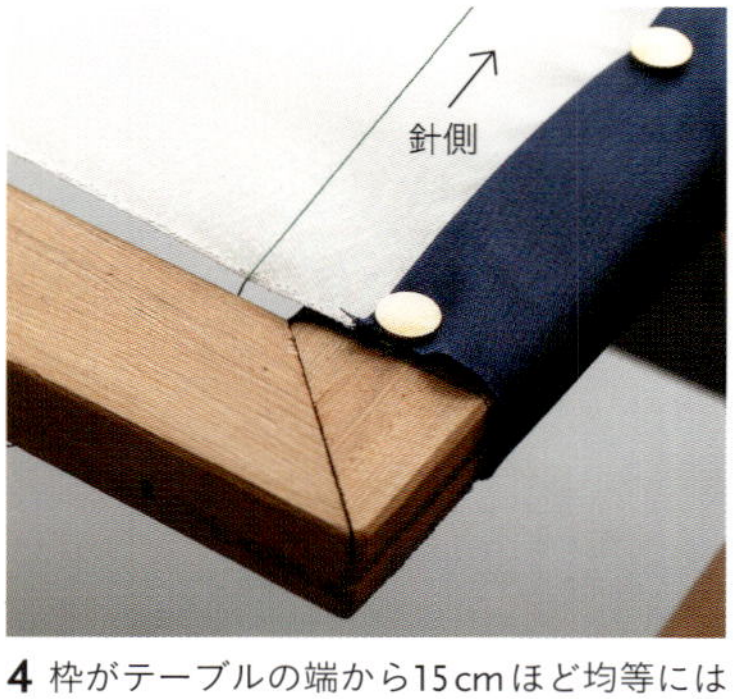

4 枠がテーブルの端から15cmほど均等にはみ出るように置き、バークランプで固定する。ミシン糸を枠の約8倍の長さに切って針に通し、枠の右端、布との間に糸を垂らす。

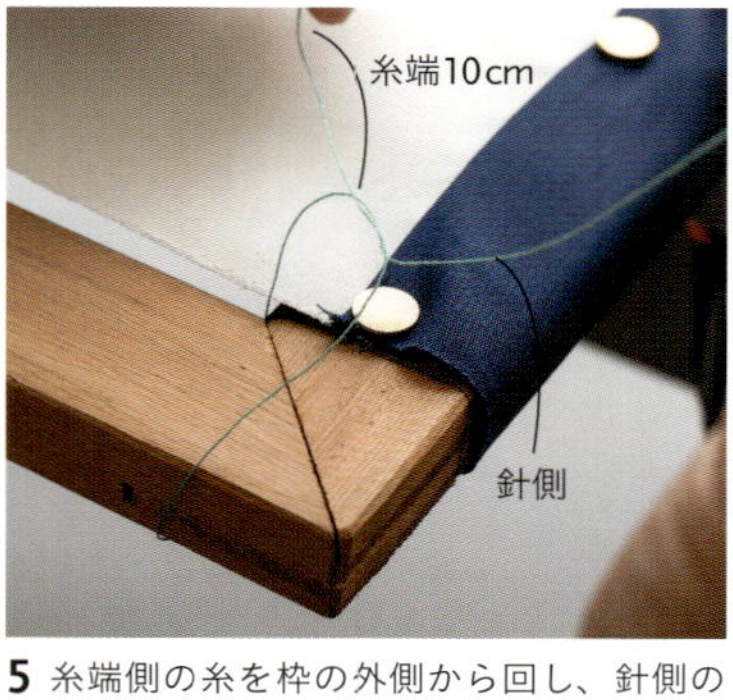

5 糸端側の糸を枠の外側から回し、針側の糸とひと結びする（糸端が内側にくるように結び、約10cm糸端が残るようにする）。

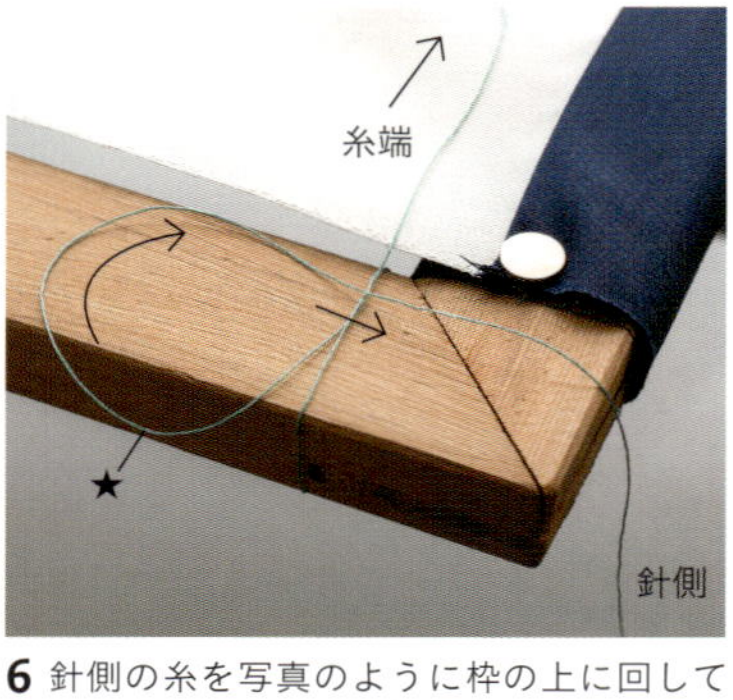

6 針側の糸を写真のように枠の上に回して輪にする。このあと、輪の★のあたりを持ち上げ、糸端側の糸にかかるようにかぶせる（針側の糸が下になる）。

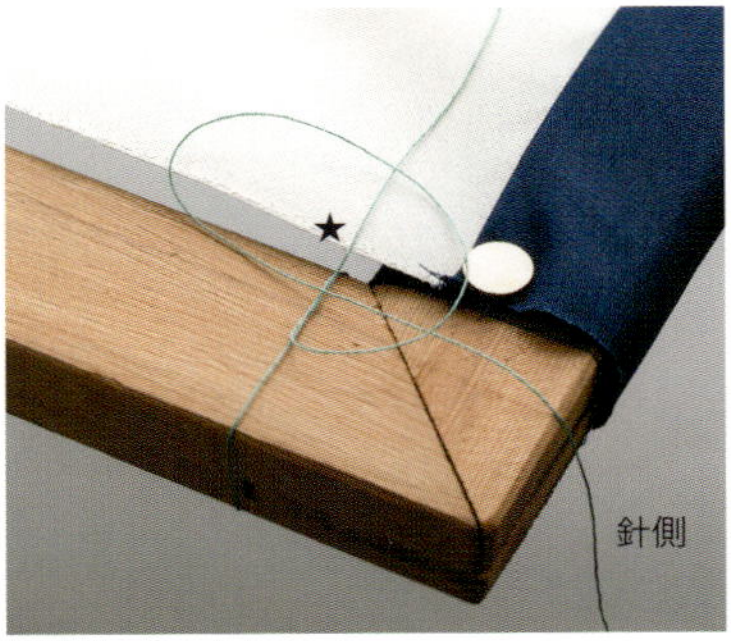

7 糸端側の糸に輪をかぶせた状態。このあと輪の中の糸★を結び目に近いところでつまみ、針側の糸を枠に対して垂直にしっかりと引いて結ぶ。

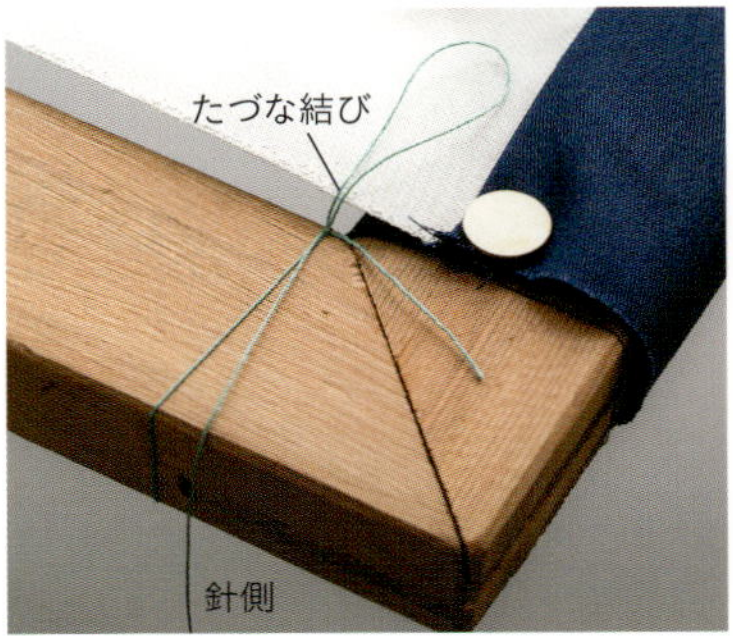

8 かがり始めの結び(たづな結び)ができた。この結びは長い糸のほうからはほどけないが、糸端のほうから引くと簡単にほどける。

9 結び目から約1cm左側の布端近くに、針を布裏から表に出す。

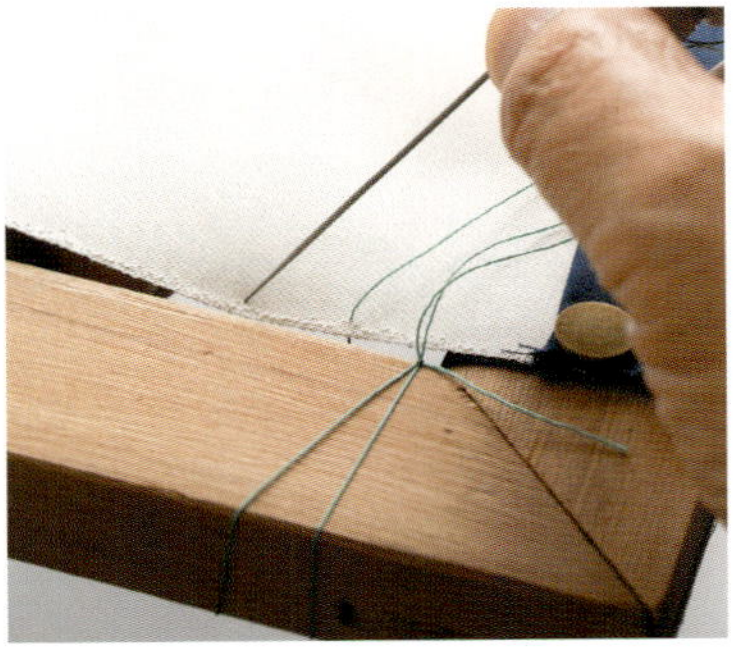

10 2cmの間隔で針を入れる。糸はあとで目打ちでしめるので、枠にかかった糸がたるまない程度に引く。

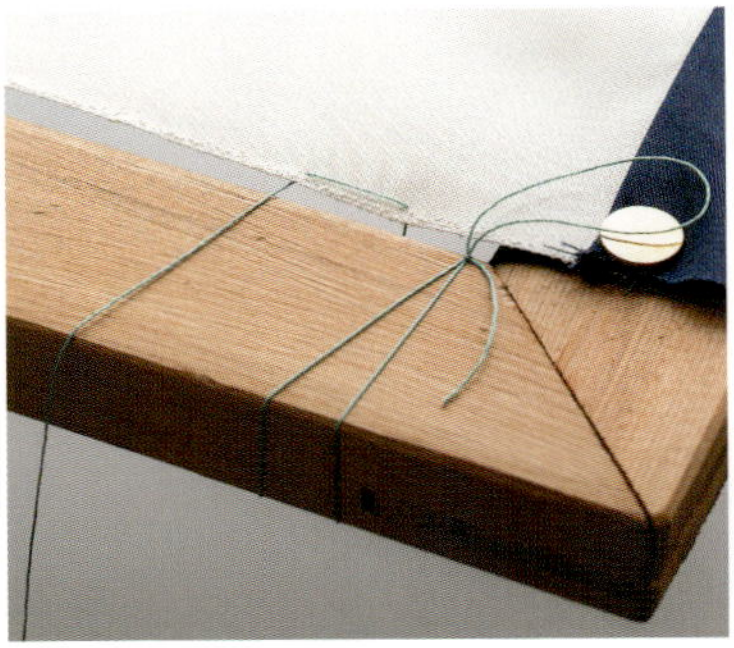

11 一目できたところ。糸は枠にかける。

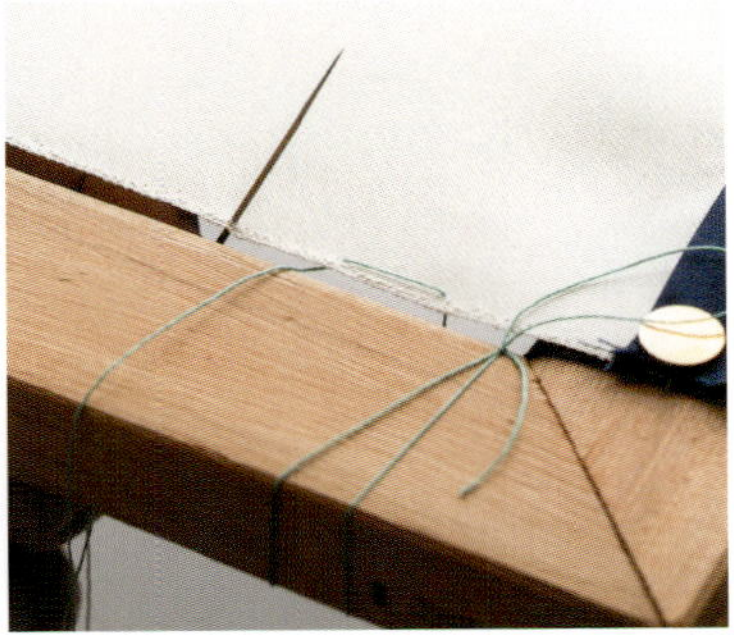

12 前の糸目から2cmのところに、再び布裏から表へ針を出し、引く。

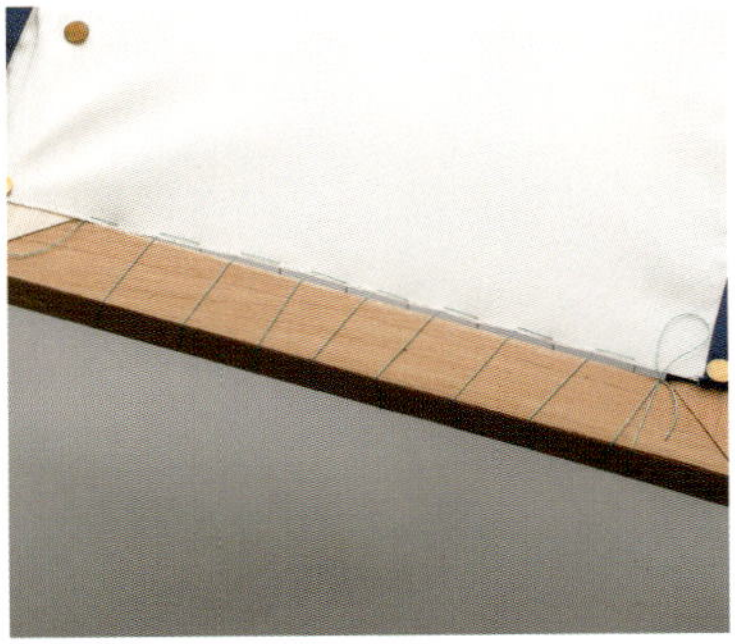

13 繰り返して、枠の左端までかがる。

14 テーブルに固定したバークランプをはずし、木枠の向きを180度回転させて再びバークランプで固定する。左側から木枠をかがった糸を順次、目打ちで引き、しめていく。

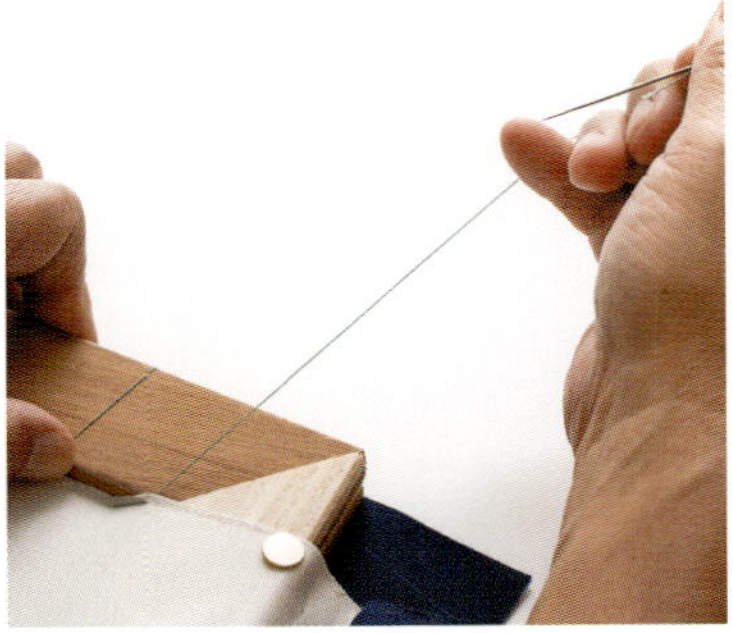

15 順次、かがった糸を目打ちでしめていくが、その時は写真のように左手の親指で前の糸を押さえながら引く。最後までしめ終わったら、糸をしっかりと引く。

16 かがった面が手前になるように最初の位置に戻し、テーブルの端から少し出るように置く。最後の糸を数回しっかりと枠に巻きつける。

17 枠に巻きつけた糸の中に針を通し、数回、糸を巻きつける。

18 さらに順次かがった糸に、糸を1回ずつ巻きつけながら戻り、4本分くらいからませたら糸端を切る。

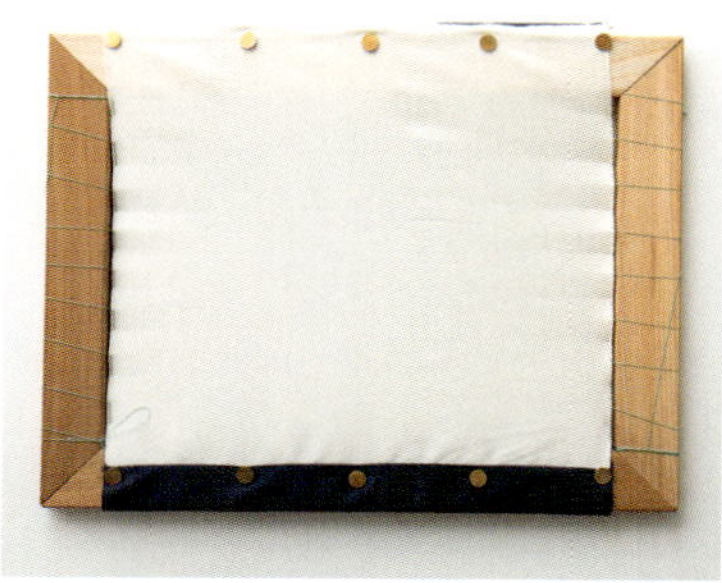

19 反対側も同様にかがる。これで刺繍枠の準備ができた。

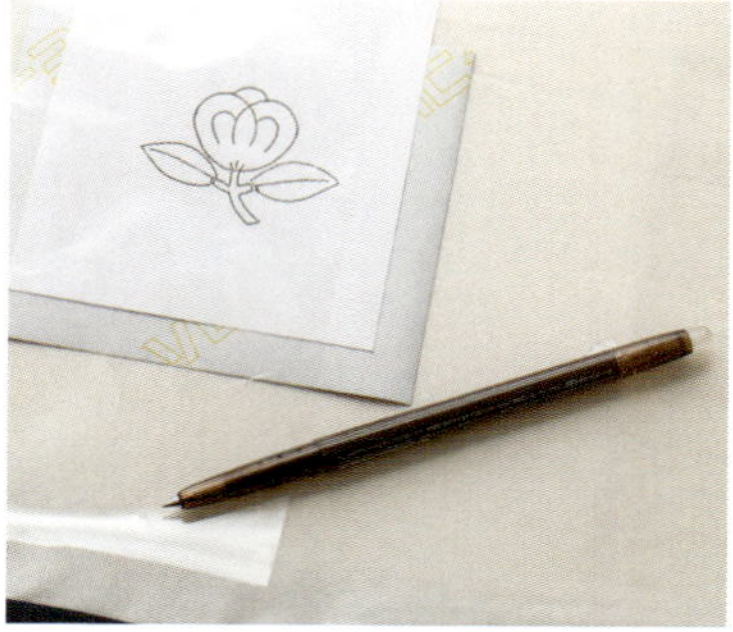

20 図案を写す。まず、布の下に台になる本など（木枠の厚さ）を置き、布に図案をテープでとめ、間にチョークペーパーを差し込み、上にセロファンをのせる。

21 セロファンの上からボールペンで図案をしっかりとなぞる。なぞり終わったら、セロファンとチョークペーパー、図案をはずす。

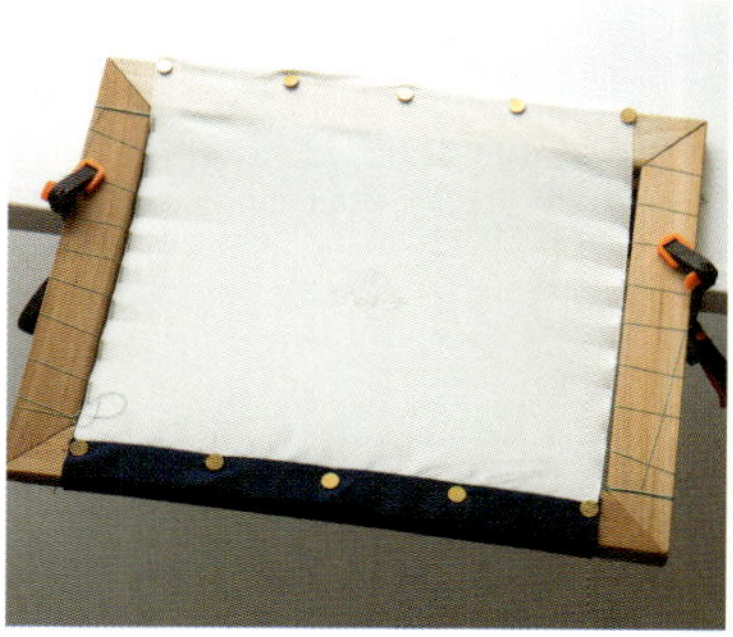

22 図案を写した刺繍枠をテーブルにバークランプで固定する（図案がテーブルにかからないように注意する）。

✚ 図案を刺繡する

刺繡の手順、刺繡の基本、繡い方（p.49〜61）も参照してください。

横見茶の実 ►p.5

A　枝　薄オレンジ（722）　繡い切り　2本どり
B　葉　緑（700）　割り繡い　2本どり
C　実　オレンジ（720）　平繡い　2本どり
D　実のラインと葉脈　薄オレンジ（722）　まつり繡い　1本どり
E　実の下部のライン　薄オレンジ（722）　掛け繡い　2本どり

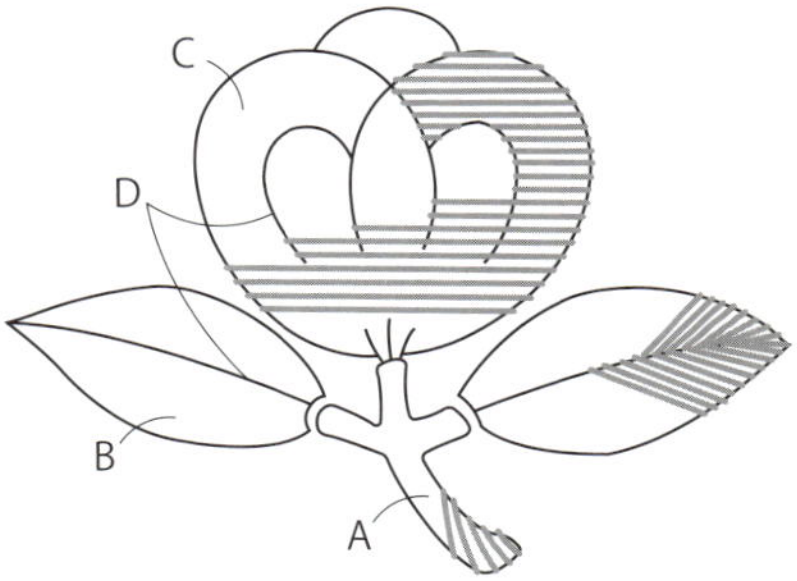

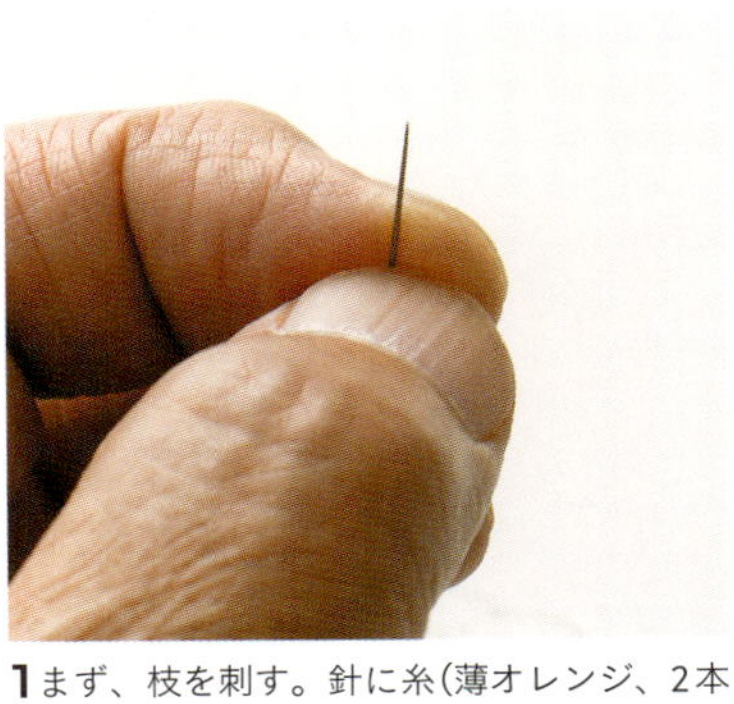

1 まず、枝を刺す。針に糸（薄オレンジ、2本どり）を通し、玉結び（p.51参照）を作ったあと、左手の親指と人さし指ではさんで持つ。

2 最初に刺始めの針止め（p.51）をする。図案の刺始め位置のすぐそばの、上を刺しうめる場所に布裏から左手で針を出し、右手の親指と人さし指で針を受け取る。

3 糸を、布に対して約30度の角度で、針が布の力で自然に止まるまで引く。

4 糸を出したすぐ斜め下に針を入れる。このとき針を、親指と中指に持ち替えてから刺す。布の下から左手で針を受け取り、糸を引く。

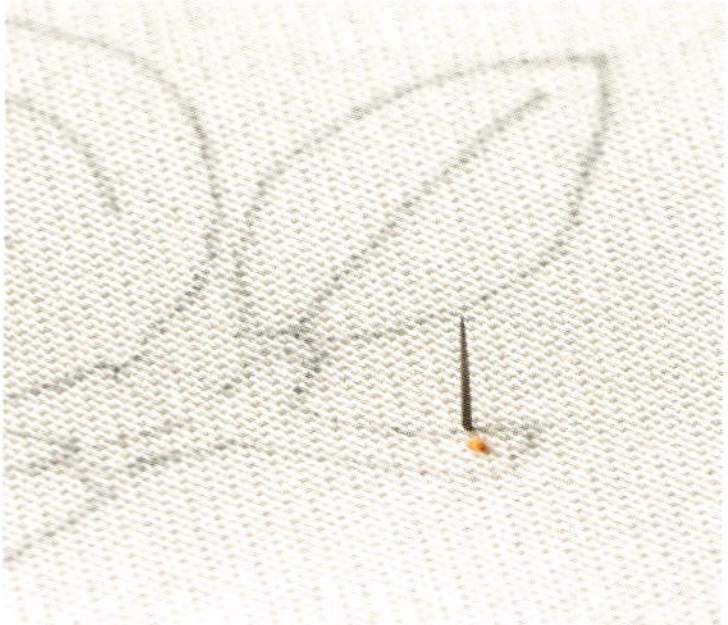

5 芥子縫い一個ができ、これが針止めとなる(以降の刺繍も、刺始めは同様にする)。続いて枝を繍い切り(p.57)で刺す。まず、図案のラインから針を出す。

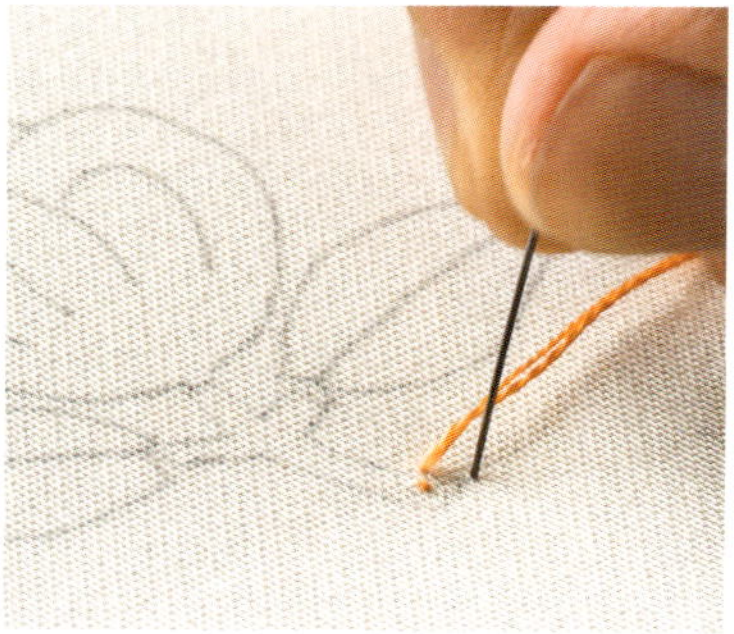

6 図案線にそった下側のラインに、針を入れる。

7 右手の薬指に糸をかけ、親指と人さし指で糸がねじれたり、重なったりしないように整えながら、布の下の左手で糸を引く。糸は引きすぎないように注意する。

8 次は**5**で針を出したところより少し先から針を出し、二目めを刺す。

9 以降、同じ要領で少しずつ角度を変えながら斜めに刺しうめていく(糸目が重ならず、すきまがあかないように気をつける)。写真は中心の枝を刺しうめたところ。

10 左側の枝を刺す(写真)。右側の枝も同様に刺す。最後は糸目の陰に芥子繍いを2回して布の表のきわで糸を切る(刺終りの針止め。p.51参照)。

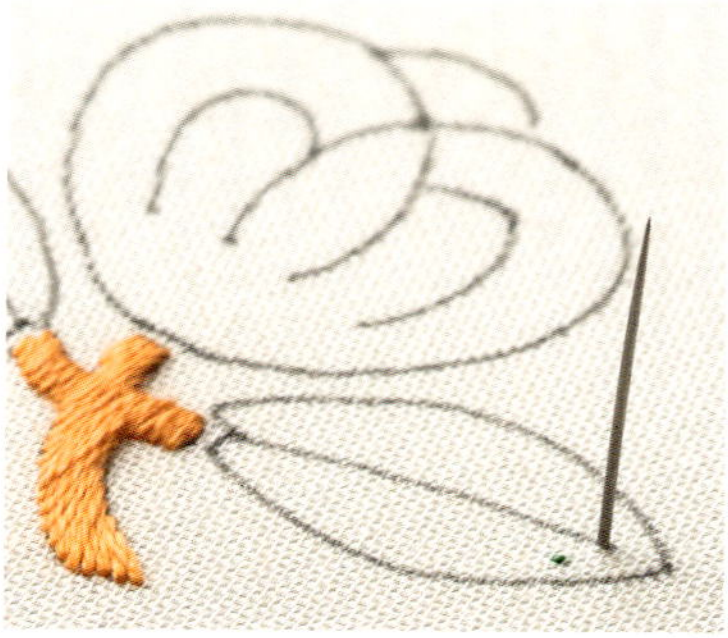

11 葉を割り繍い(p.58)で刺す。針に糸(緑、2本どり)を通し、玉結びと刺始めの針止めをして、図案の中心のライン(葉先から約3mmのところ)から針を出す。

12 葉の先に針を入れる。

13 葉の中心の最初に針を出したところ（**11**）より2mmくらい先から針を出し、**12**で針を入れたところのすぐ隣に針を入れる。

14 同様に、中心のラインから針を出し、葉の輪郭のラインに針を入れながら、刺し進む。

15 途中、角度を少しずつ変えながらきれいに刺しうめる。

16 葉の下半分を刺しうめたら、**11**の針を出した位置のすぐ横から針を出す。

17 葉の先に針を入れる。

18 同様に葉の下側と対称になるように刺し進む。

19 両側の葉が完成したら、刺終りの針止めをして糸を切る。

20 実を平繍い（p.58）で刺す。針に糸（オレンジ、2本どり）を通し、刺始めの針止めをしたあと、図案の上側のラインから針を出す。

21 布目にそって反対側のラインに針を入れる。次に**20**で針を出したすぐ上から針を出す。

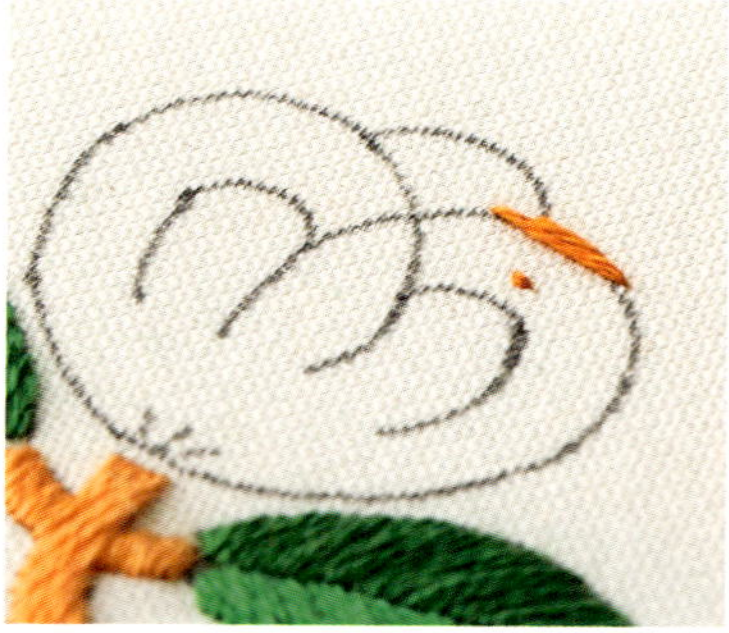

22 カーブの上部が刺せたところ。図案のカーブは刺しやすい位置で一目繍ったあと、バランスを見ながら上側にもどって刺すときれいに仕上がる。

23 最初に針を出したところ（p.45の**20**）のすぐ下から針を出し、布目にそって反対側のラインに針を入れる。

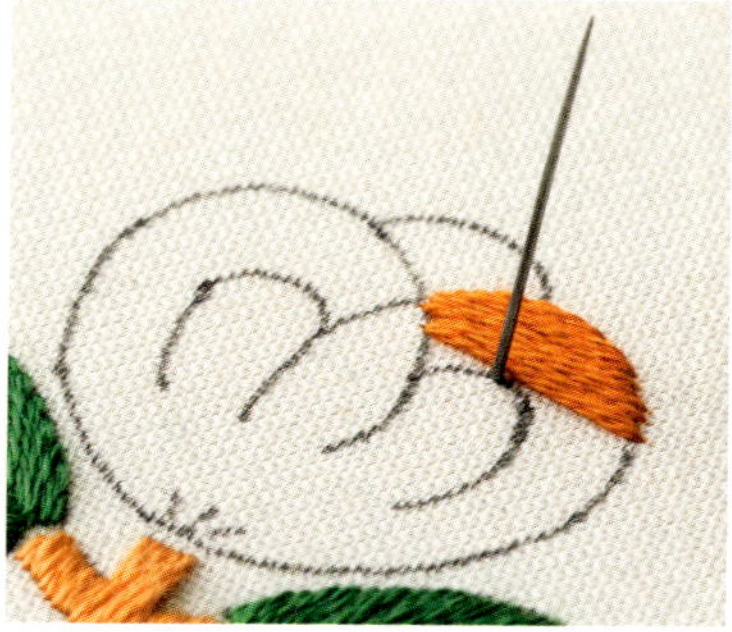

24 下のラインまできたら、図案の右側を刺し始める。

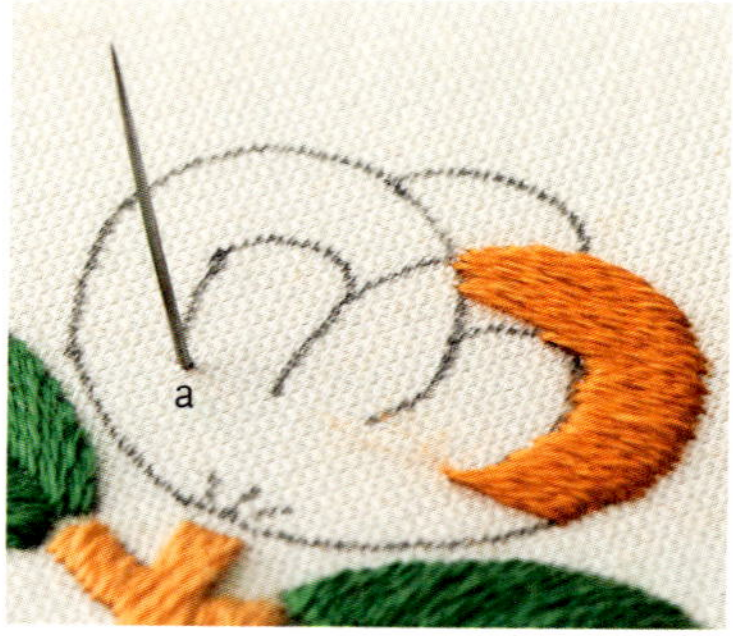

25 右側を刺し終わったら、下側を刺す。まずaから針を出す。

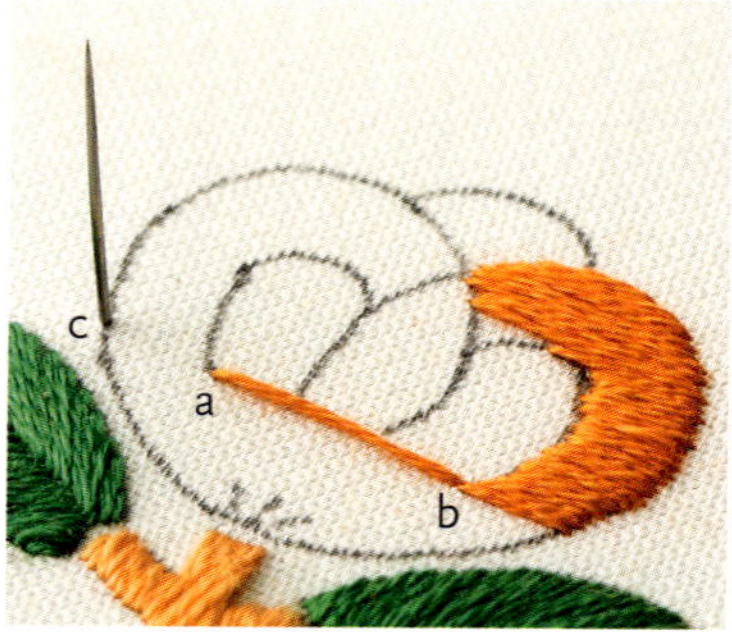

26 布目にそってbに針を入れ、cから出す。

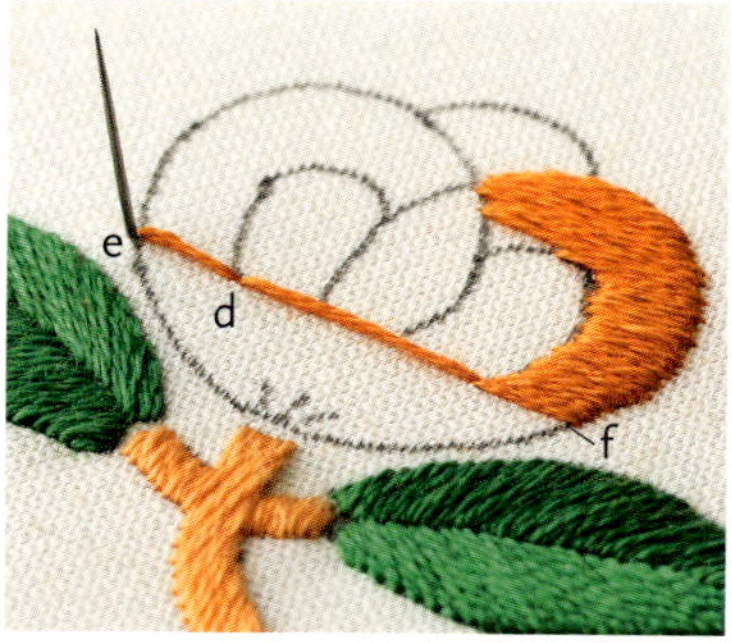

27 dに針を入れ、eから出す。このあとfに入れる。下側へ進み、下部をすべて刺しうめる。そのあとほかの部分も順次刺しうめる。

28 刺しうめた部分の隣を刺すときは、まだ刺していないところから針を出し、隣の糸目とのきわに針を入れる（糸目のあるところから針を出すのはやりにくいため）。

29 順次刺しうめる。途中で糸がなくなった場合は写真のように、近い位置に刺終りの針止めをしてから、別の糸で再び刺し始める。

30 実を全部刺しうめたら、刺終りの針止めをして糸を切る。

31 実のラインをまつり繍い(p.56)で刺す。針に糸(薄オレンジ、1本どり)を通し、玉結びをして、平繍いの糸を刺さないように目打ちで糸目をかき分け、針を出す。

32 糸をかき分けて糸を刺さないようにして針をすぐ近くに入れて糸を引く。これで刺始めの針止めの芥子繍いができる。

33 まつり繍いを始める。まず、刺しうめた平繍いと平繍いの間の右のきわから針を出す。

34 平繍いと平繍いの谷間の下端の右のきわに針を入れ、**33**で針を出した地点の少し先から出す。

35 **34**の針を入れたところの脇に針を入れる。二目刺したところ。

36 ラインにそって、角度を変えながら、まつり繍いで刺し進める。実の輪郭は刺しうめた平繍いの糸にぎりぎりかかるように刺していく。

37 輪郭にそって、ぐるりとまつり繍いをし、続けて、残りのラインも刺す。葉の葉脈も同じ色でまつり繍いをする。

38 最後に実の下部の3本のラインを同じ色で掛け繍い(p.60)で刺して、でき上り。

和の文様と図案

昔から美術や工芸品に用いられてきた和の伝統文様には、モダンでシンプルなデザイン、ユーモラスな図柄など、刺繍の題材としておもしろいものがたくさんあります。中でも家紋は植物、動物、器物などのモチーフが、小さな丸の中に凝った趣向で、個性的で無駄のない形で配されていて、今見ても、新鮮な驚きがあります。家紋を集めた紋帳は、まさに和のデザイン集、刺繍の図案のヒントが多く見つかるでしょう。同じ梅の図柄でも横向きの横見梅、裏向きにした裏梅、花びらを風車のように配置した捻じ梅、丸の組合せだけで表現した梅鉢など、バリエーションが多く、昔の人の創造力の高さを実感します。

そのほか、能や狂言の装束、子どもの着物や小紋の柄などにもアイディア豊かなものが多いので、気になるモチーフを抜き出して、刺繍の図案にしてみてはいかがでしょうか。

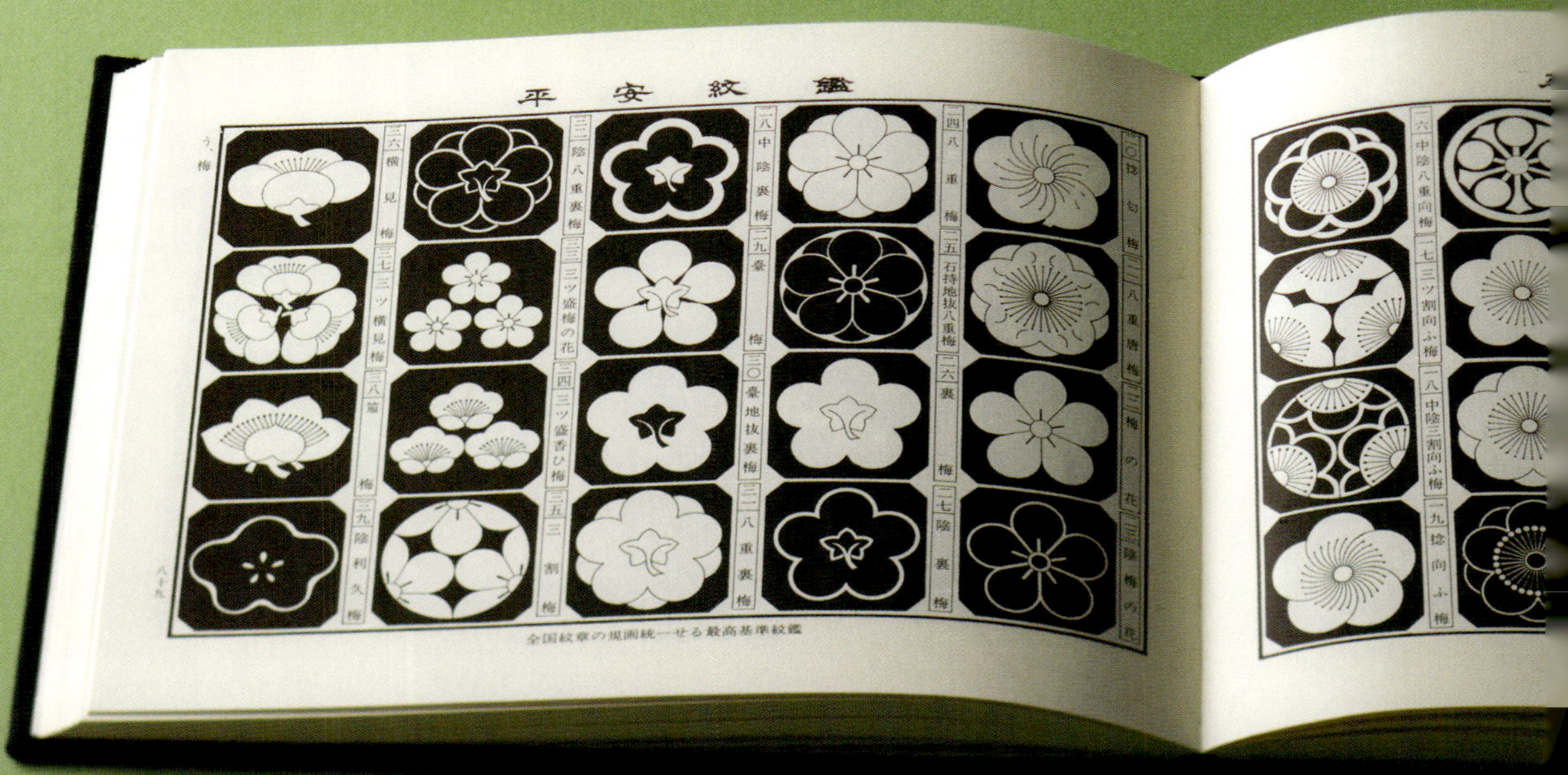

『平安紋鑑』京都紋章工芸協同組合著

＋刺繍の手順

1 図案と作品を決め、布を選ぶ

この本で紹介する刺繍は、バッグや服、ストールやハンカチ、ブローチや帯留め、日傘などさまざまな作品に仕上げることができます。図案と作るアイテムを決めたら、それに合った布を選びます。

2 刺し方のシミュレーション

図案と布が決まったら、布に写す図案とは別に、本書の図案をコピーし、図案や作品写真を参考にして、鉛筆で実際の刺し方(針目)を書き込んでみましょう。これは、針目の角度や繍始めの位置などを確認するためです。こうすることで、刺繍し始めてからの失敗がなくなり、全体のイメージがつかみやすくなります。

3 布の準備

布にゆがみがあると美しく整った刺繍ができないので、布を枠に張る前に、布の目を確認します。布の耳(布を織った方向の両端)と平行の布目が縦地、垂直の布目が横地です。布地によっては布のたて糸とよこ糸が直角に交わっていないものがあるので確認してみて、ゆがみのあるものは地直しをします。

地直しはまず、裁ち目のよこ糸を引き抜き、裁断して耳のないものはたて糸も引き抜いて、縦横のゆがみを確認します。木綿や麻の場合は水に数時間つけたあと陰干し、なま乾きのうちに布目を整えながら、アイロン(ドライ)を縦方向、横方向にきっちりとかけていきます。絹地の場合は、水につけず、アイロン(ドライ)を中温にして裏側からかけて、布目を整えます。

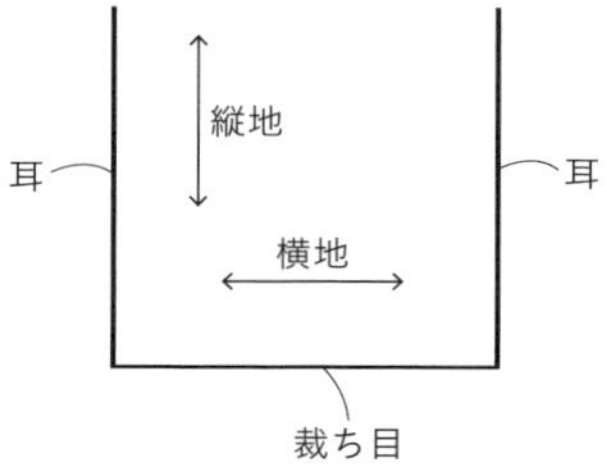

4 布を刺繡枠に張り、固定する (p.40〜42参照)

両手を使って刺繡できるように、布を刺繡台に張って固定します。この本では画材の木枠(キャンバスを張るためのもの)を刺繡枠として布をかがって張り、テーブルや机などにバークランプで固定する方法をご紹介しています。

ごく小さな布、糸でかがりつけられないものは、刺繡スタンド(p.39参照)などを利用して固定します。

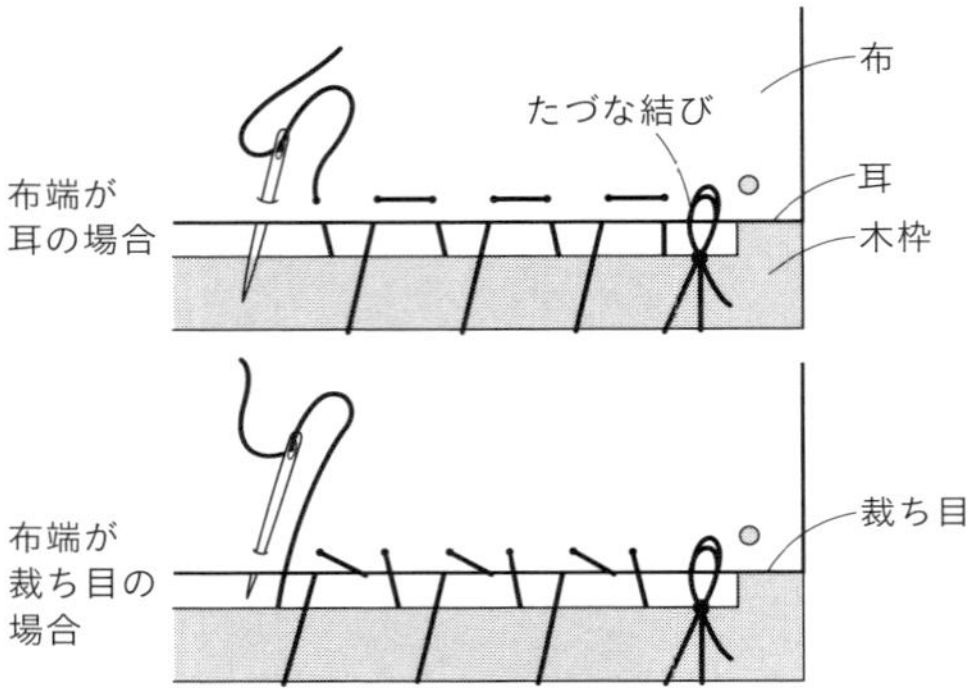

◎ 布のかがり方

木枠に布をかがりつける場合、布端が耳の場合と、裁断して裁ち目の場合は方法が違います。裁ち目の場合は布端がほつれない方法でかがっていきます。

5 図案を写す (p.42参照)

チョークペーパーを使って図案を布に写します。

6 刺繡糸の準備

この本で使用するコットンのフランス刺繡糸(DMC25番刺繡糸)は6本の細い糸をゆるくよったかせになっているので、これをほどき、60〜80cmの長さ(糸を引いたときに腕がのびきらない長さ)に切ります。ここから使用する本数を1本ずつゆっくり引き出し、必要な本数を引きそろえ、針に通します。

7 刺繡

図案の指示どおりに刺繡をします。

8 仕上げ

刺繡が終わったら、表面のちりを払い(あれば日本刺繡用のビロードクッションを使う)、刺繡部分に半紙を当て、裏に文庫本などを手にのせて土台にし、上から中温のアイロン(ドライ)をしっかりとあてます。これは糸を平らにし、糸と布地をなじませるための作業で、糸全体につやが出てきます。

次に刺繡枠ごと裏返し、余分な端糸を切ったあと、大和のりをわずか指の腹につけ、刺繡部分に刷り込みます。これは表に刺した糸と裏に刺した糸が動かないように、布地に固定させるための作業です。

最後にのりが乾いてから表に返し、裏から蒸気をあて(鍋に湯を沸かし、湯気が出たら布をかざす)、自然乾燥させてから、枠からはずします。用途に合わせて仕立てます。

✚ 刺繡の基本

［正しい姿勢］

刺繡枠の端からこぶし一つ分、体を離して座り、右手は軽く布の上にのせ、左手は布の下に入れて、両手で作業しやすいように構えます。

［刺始めと刺終り］

刺繡の刺始めは刺繡糸がほどけないように、玉結びと針止めをします。玉結びはまず、針に通したほうと反対側の糸端と針を人さし指の先にのせて親指で押さえ、続きの糸を図のように針に1、2回巻きつけて、その上を親指で押さえ、針を引き抜き、玉のきわをはさみで切ります。

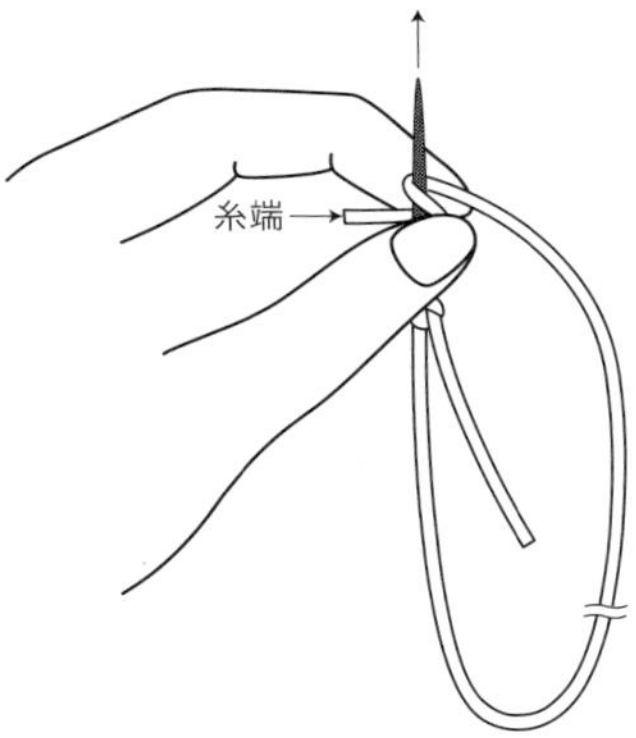

玉結びを作ったあと、刺繡の刺始め位置のすぐそばで、上を刺しうめて表面から見えなくなる場所に裏から針を出し、芥子繡い(p.54参照)を1回して、裏へ針を入れます。これが針止めになり、このあと図案の刺繡を始めます。

刺終りは刺繡が終わったあと、針目の陰に隠れるように芥子繡いを返し針の要領で2回刺し(目打ちで針目をかき分けて表から見えない位置に刺す)、布の裏へ針を入れたあと、再び表へ出して強く引き、布のきわで糸を切ります。

◆芥子繡い、相良繡いの場合は針止めの方法が異なります（p.54、55 参照)。

[針の持ち方と繡い方、糸の引き方]

日本刺繡では布の表は右手、裏は左手を使って両面から刺繡するのが基本です。

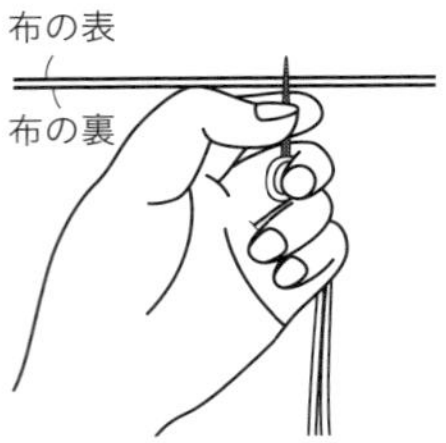

1 糸を通した針を、布の裏から左手で表に出します。このとき、針先$\frac{1}{3}$を左手の人さし指の腹にのせて親指で押さえて持ち、針の頭(針穴のある方の端)を中指の先の横腹を台にして支え、親指の第1関節は布につけ、そこを支点にして針を出します。

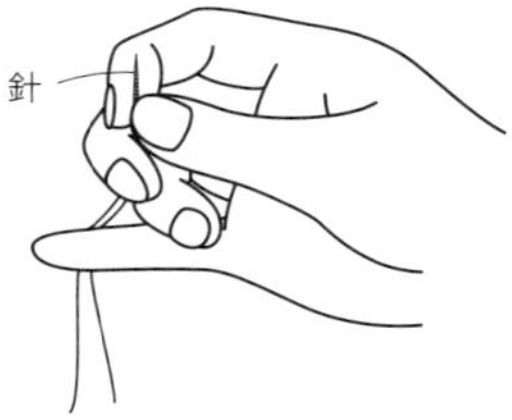

2 表に出た針を右手の親指と人さし指でとり、糸を引きます(手の形は図のように針に人さし指の腹を当て、糸は中指と薬指の間を通し、小指にかけています)。糸を引くときは、布に対して約30度の角度(無理なく引ける角度です)で、布の上で自然に止まるまで引きます。強く引きすぎると針目が引きつれたり、糸が切れてしまう場合もあるので、注意しましょう。

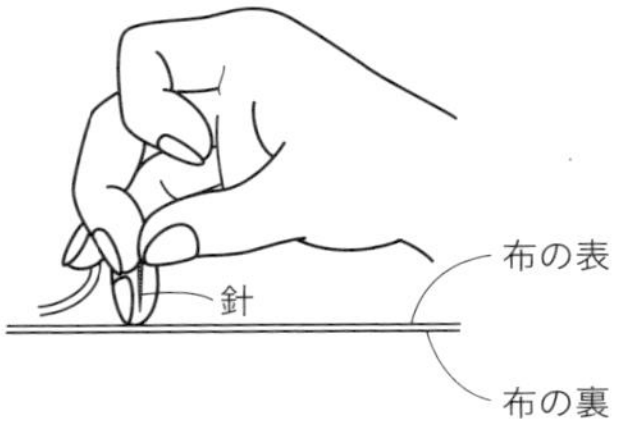

3 引き終わったら、親指だけを針を伝って中指まで下げて、図のように針を親指と中指に持ち替え、針先を下に向けて、刺す姿勢に移ります。このまま布に近づけ、薬指を伸ばして指先を軽く布面につけ、針先を支えて布に垂直に刺します。

4 布の下で、**2**と同じ要領で左手の親指と人さし指で針をとって、自然に止まるまで、糸を引きます。次に**1**に戻り、これを繰り返して刺していきます。

★刺繡は、基本的には布の上から始まって、布の上で終わります。ただ布下に針を引き込んだだけでは、刺繡の針目は安定しません。そのあとに布の上に針を出して引き終わったところで最後の一目が安定し、完成となります。刺繡の途中で針を休ませておくときは、必ず針を布の表に出して引いた状態にしておいてください。

[図案のラインと刺繍]

面を刺す刺繍(平繍い、繍い切り、菅繍いなど)やまつり繍いの場合、繍い終わってから図案のラインが見えないように、ライン上ではなく、図案のラインの外側のきわぎりぎりに針を出し入れします。

★線を表現する掛け繍いや、とじまわしは図案のライン上に刺します。

[飾り繍いの刺し方]

平繍いなどで刺しうめた下地(下引き)の上に別糸で飾り繍い(掛け繍いなど)をほどこす場合は、写した図案が見えなくなるので、飾り繍いの図案は布に写さずに、図案と照合しながら、下引きの上に刺します。その際は下引きの糸と糸の間ではなく糸の上から斜めに針を入れて刺すと、すきまがあかず、きれいに刺繍できます。

斜め格子繍い(p.61)、麻の葉繍い(p.87)なども図案を写さず、三角定規を使って、角度と間隔をはかりながら、直接刺していきます。

[2本どり以上で刺す場合]

糸を布下に引き込むときは、糸同士がからんだり、ねじれたりしないように、親指と人さし指で糸を平行に整えながら、引くようにします。常に糸の状態に気を配ることが、美しく刺繍するためのポイントです。

[糸が途中で足りなくなったとき]

糸が刺繍の途中で足りなくなってきたときは、まず、針止めの芥子繍いをこれから繍いうめるところに返し針の要領で2回刺して布上で糸を切り、新しい糸を針に通して玉結びをしたあと、刺始めの針止めをして再び作業します。

✚ 繍い方

◎ 芥子繍い

芥子繍いは小さな点を表す繍い方。刺始め、刺終りの針止めにも使われます。

繍い方

まず、玉結びをしたあと、裏から図案のラインの右外側から針を出し、布のたて糸とよこ糸をまたぐように進行方向に対して左斜め下へ刺し、返し針の要領で進めていきます。針足が長すぎると線に見え、短すぎると布の目に入り込んでしまうので注意しましょう。糸の引き方にも注意して、同じ間隔で同じ大きさに丸く見えるように刺すのもポイントです。刺繍の間隔は、ちょうど芥子繍いの粒一つ分あけるのが適当でしょう。

★針止め　最後に相良繍い(p.55参照)を1回し、それを布の下で糸を回しながら相良繍いの粒を布裏に引き込み、さらにそのすぐそばの表に針を出して、糸をやや強く引きながら、布とすれすれに糸を切ります。

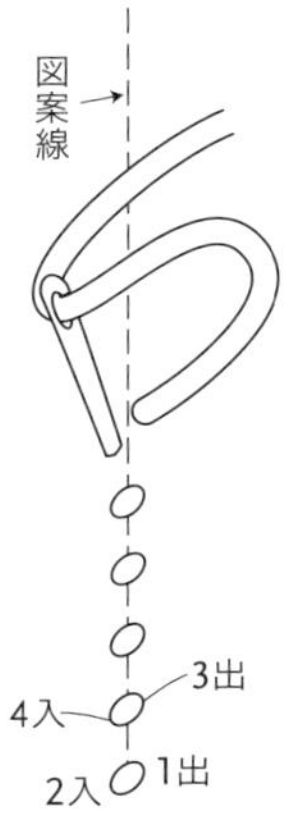

図案線
3出
4入
2入
1出

◎断面図

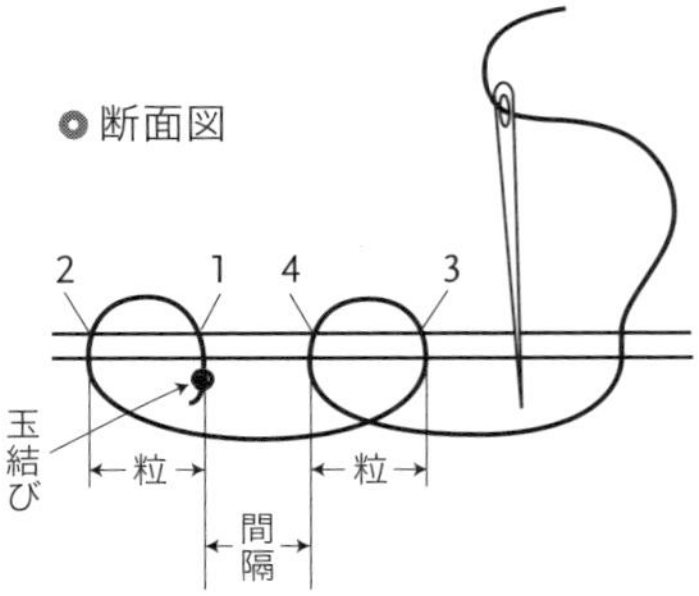

2
1
4
3
玉結び
粒
粒
間隔

相良繡い

フランス刺繡のフレンチノットステッチと同様に、糸の結び玉を作る繡い方。
びっしりと密に刺して、面を刺しうめることもあります。

繡い方

1 図案のラインのすぐ右側に布裏から針を出し(図の①)、右手の親指と人さし指で針をとり、糸を小指と薬指の間にはさんで(ほかの繡い方では薬指と中指の間にはさむ)、引き抜きます。布の上で時計と反対回りに糸を回して輪にし、その輪に針先をくぐらせて上に上げて、糸の輪が布から離れるまで持ち上げます。

2 そのまま**1**で出した針目のすぐ近く、左斜め下(図の②)に針を刺します。

3 布裏から左手で糸を引き始めますが、そのとき、図のように糸の輪の中に入れた右手の薬指と中指で裏から引く糸を加減し、最後は中指、薬指の順に抜き、糸を全部引いて、結び玉のへこみが中央に位置するきれいな粒に仕上げます。糸の引き加減で粒の大きさを調節できます(引き込むとき、薬指に力を入れると輪の結び目がしまって粒が小さくなり、力を抜くと粒が大きくなります)。

＊相良繡いの刺始めは図案のライン上に芥子繡いを1回し、その上に相良繡いの結び玉がくるように刺し、刺終りは相良繡いの陰に芥子繡いを2回して、布の表側で糸を切ります。

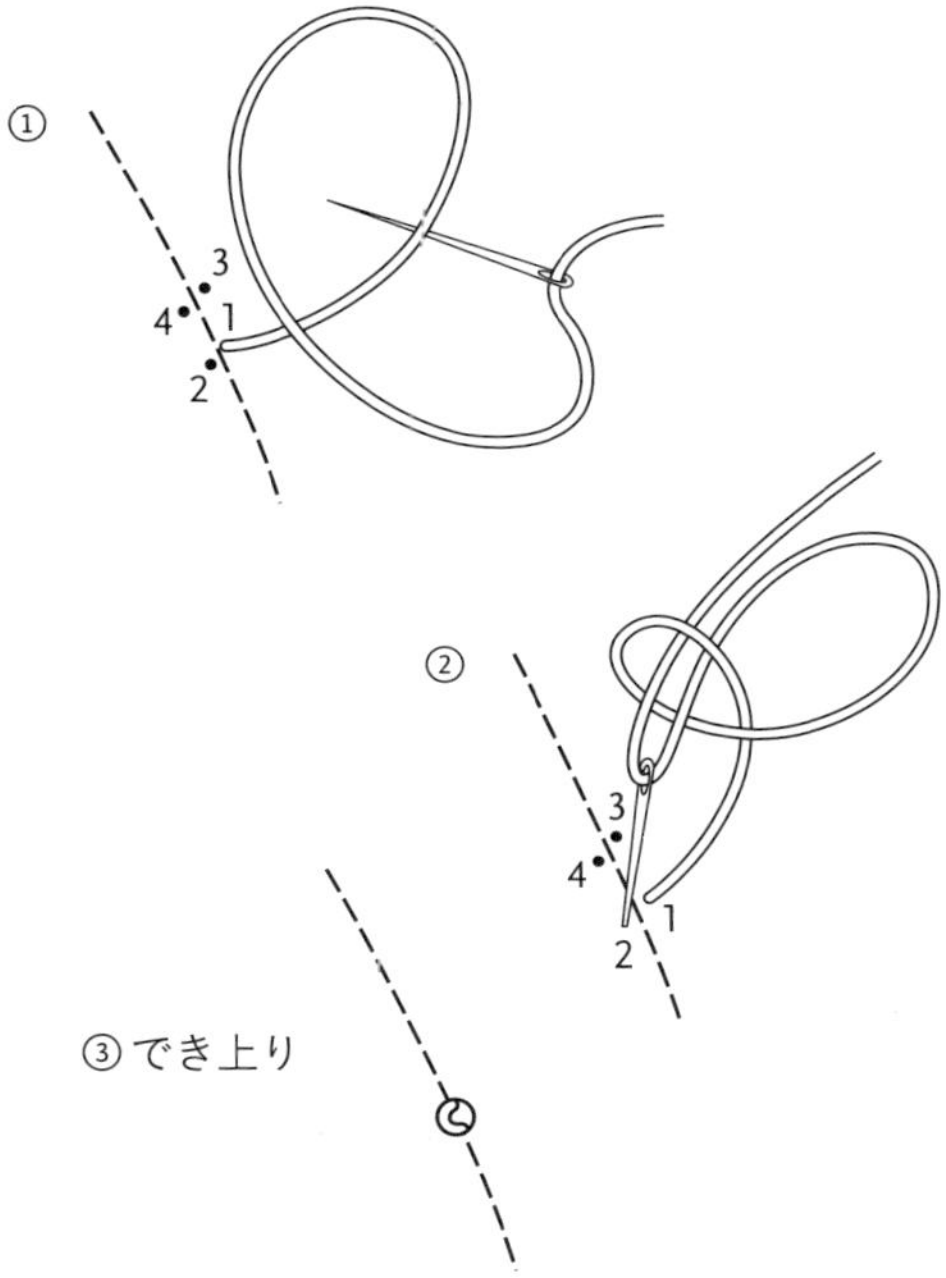
①
3
4
1
2
②
3
4
1
2
③でき上り

糸の引き込み方

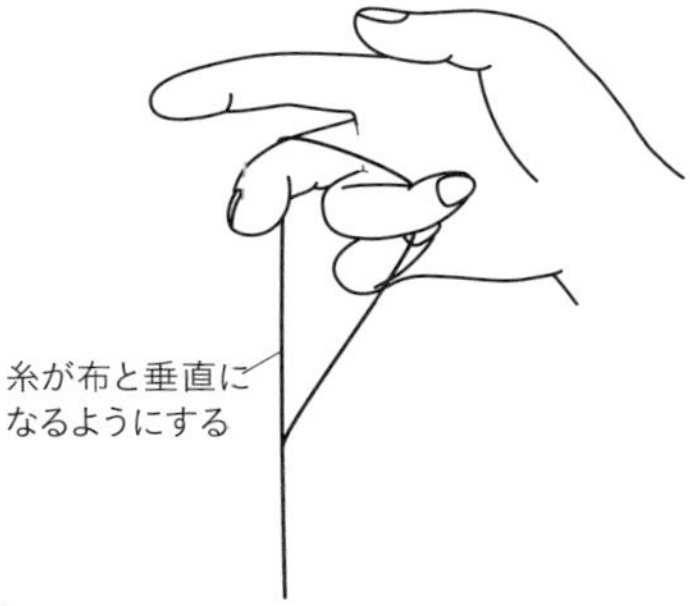
糸が布と垂直に
なるようにする

まつり繡い

フランス刺繡のアウトラインステッチと同様の、線を表す繡い方です。

繡い方

図のようにノの字の返し針で刺し進みます。図案線の太さによって返し縫いの分量を決めます。線の細い順に、1針立ち、2針立ち、3針立ちとなりますが、針足の長さ(一針の糸の長さ)は長いものでも1cmまでにするようにします。

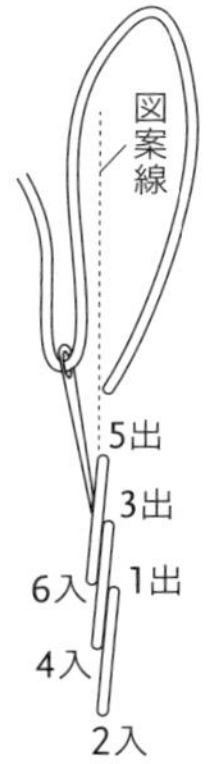

図案線
5出
3出
1出
6入
4入
2入

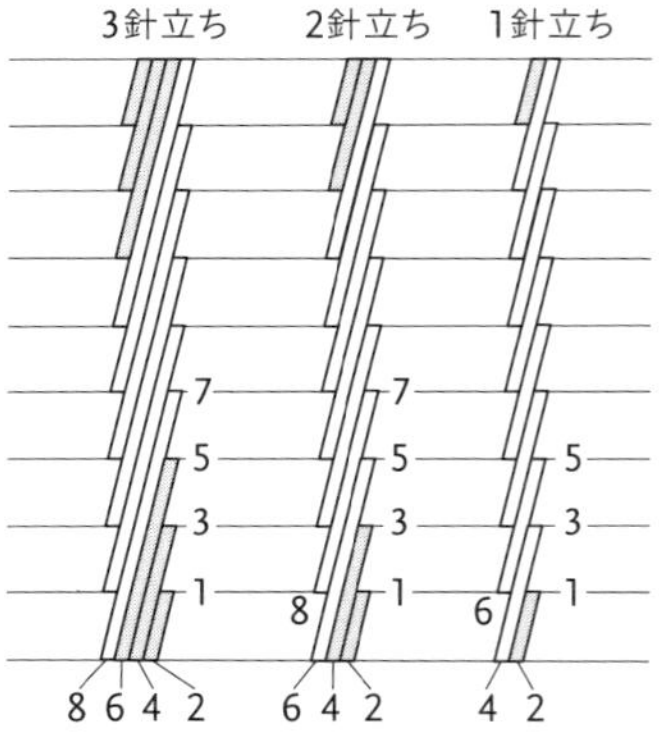

3針立ち
2針立ち
1針立ち
7
5
3
1
8
6
8 6 4 2
6 4 2
4 2

曲線を刺す場合

曲線の場合は、カーブがゆるいところは針足を長めに、きついところは針足を短めにします。

また、刺し進む方向は曲線を円の一部と考え、円の内側から針を出し、外側に入れる、これを繰り返し、時計回りに進んでいきます。図のS字形などの複雑な曲線では、それぞれの円弧に分けて、方向を変えて刺すようにします。

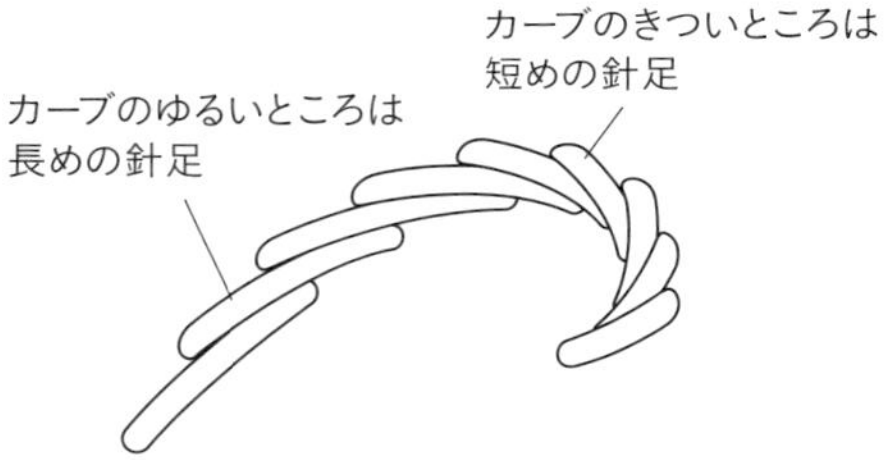

カーブのきついところは
短めの針足
カーブのゆるいところは
長めの針足

S字曲線の刺し進め方

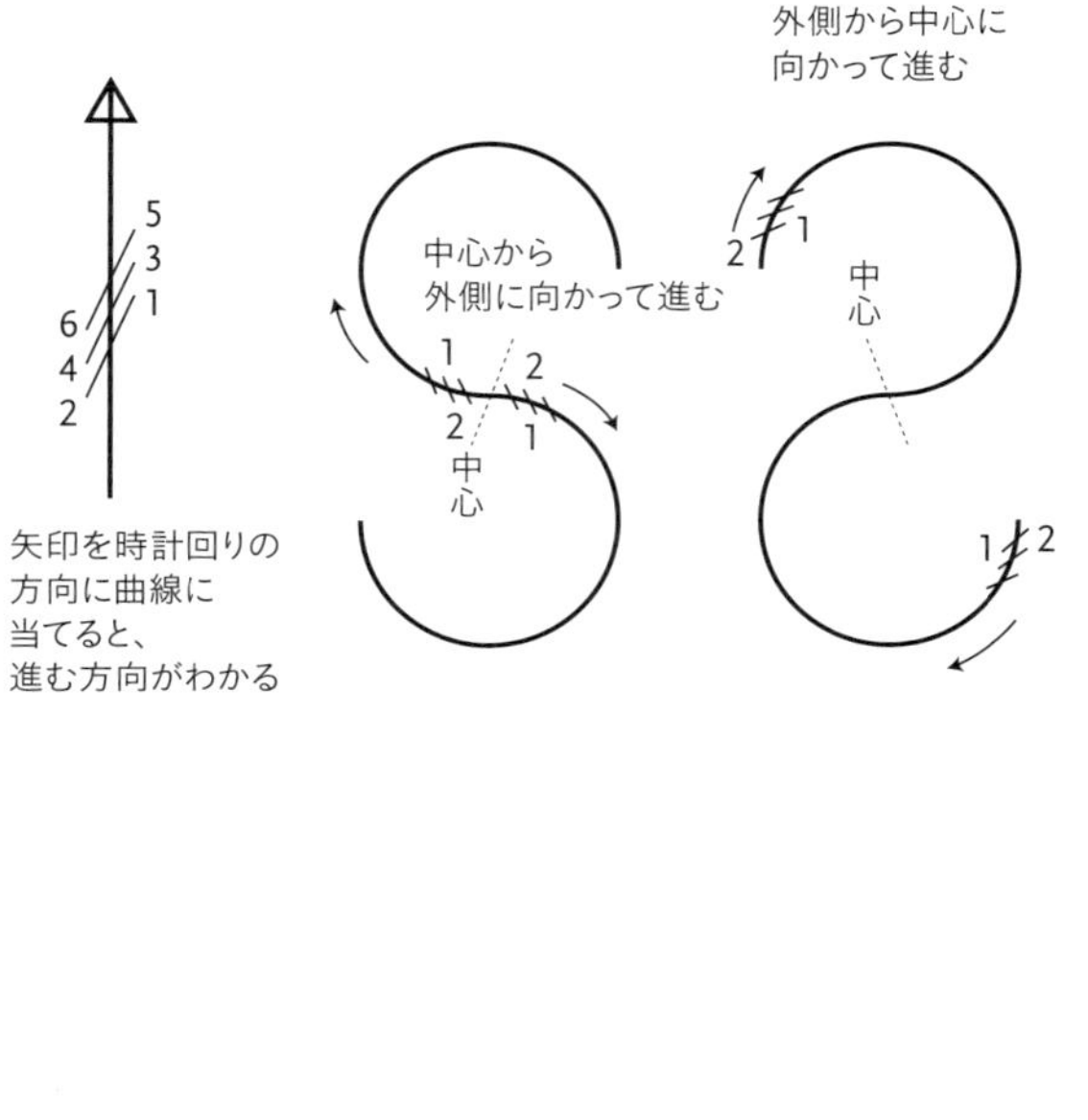

外側から中心に
向かって進む
5
3
1
6
4
2
中心から
外側に向かって進む
1
2
2
1
中心
中心
2
1
1
2
矢印を時計回りの
方向に曲線に
当てると、
進む方向がわかる

◎繍い切り

繍い切りはまつり繍いより幅が広く、平繍いより幅が狭い面(幅1cm以下)を刺すときに使い、まつり繍いと同様に斜めのノの字に進みます。

繍い方

図案の中心線に対して斜めにノの字に刺し進めます。このとき、糸が重なったり、すきまができないように注意しながら、均等に面をうめていきます。

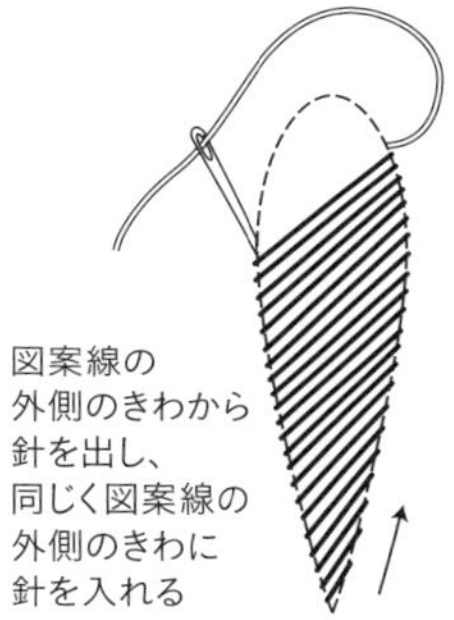

図案線の
外側のきわから
針を出し、
同じく図案線の
外側のきわに
針を入れる

★下の図のような図案を刺すときは、円形の部分は平繍い(p.58)と同様に平行な針目で刺し、図の曲線部分はカーブのところで角度を少しずつ変えながら図案にそって刺していきます。このときは曲線の内側で少しずつ糸が重なっていきます。刺し進む方向にも注意します。

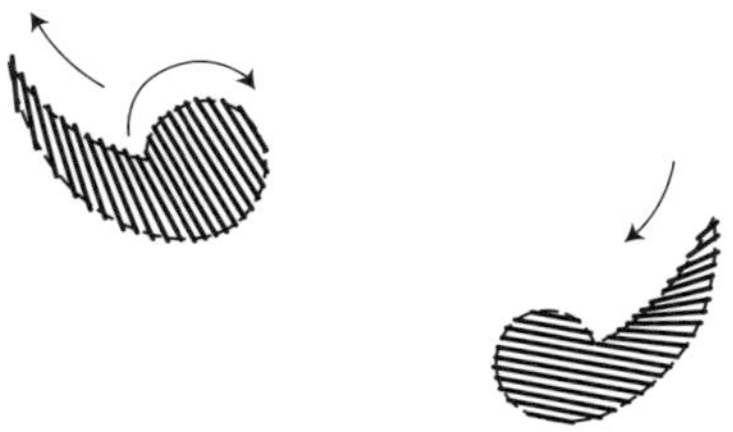

また、四角形などの角をきっちりと表現するためには、刺始めは図案の角のラインにそって刺し、徐々に角度を変えながら斜めに刺し進むといいでしょう。

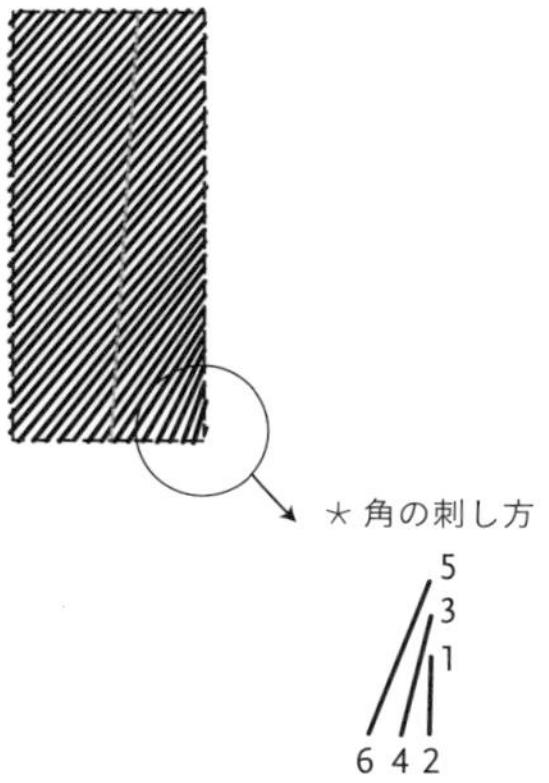

★ 角の刺し方
5
3
1
6 4 2

割り繍い

おもに葉の刺繍に使われ、中心の葉脈の左右を繍い切り(刺し繍いの場合も)で突合せになるように刺し分ける方法。

片側がノの字、反対側がミの字の糸目になるように刺します。

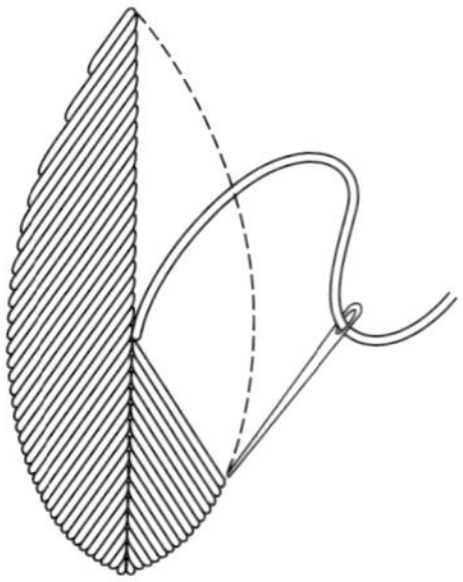

繍い方

図案の中心線の片側を繍い切り(または刺し繍い)で刺したあと、片側を刺します。左右対象の図案の場合は左右対称の糸目で、左右の面積が違う場合は刺す角度は少しずつ違ってきます。

おがみ繍い

左右に似たような図形(茎の両側の葉など)がある場合、繍い切り(またはまつり繍い)で、割り繍いのように片側がノの字、反対側がミの字の糸目になるように刺します。

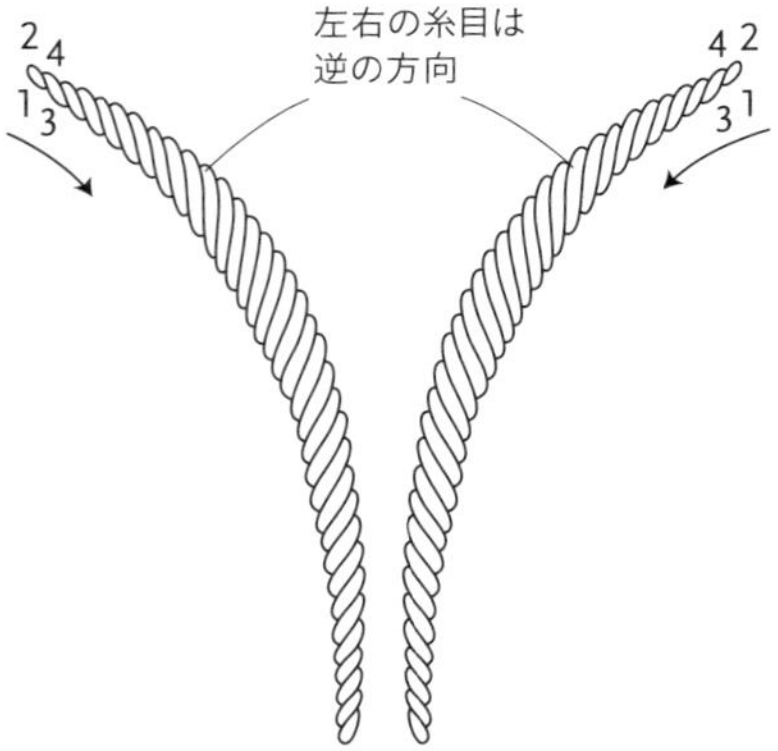

平繍い

フランス刺繍でサテンステッチにあたる繍い方。
図柄の中心線に対して斜めに刺していく繍い切りと違い、
一般に図柄に対して水平に刺す方法を平繍いといいます。
この中で布の菅目(布の横地)にそって刺しうめる場合は菅目平繍いと呼びます。
また、図柄に対して斜めや縦に刺す場合でも、
1cm以上の幅のある面積を
均一に平行に刺しうめる場合は平繍いと呼びます。

繍い方

すべての糸が平行に並ぶようにすきまなく刺します。平繍いの面は広いので、図案の端から刺し始めると終りのほうで曲がってしまうことがあるので、面の中心から両端に向かって刺していくのがポイントです。

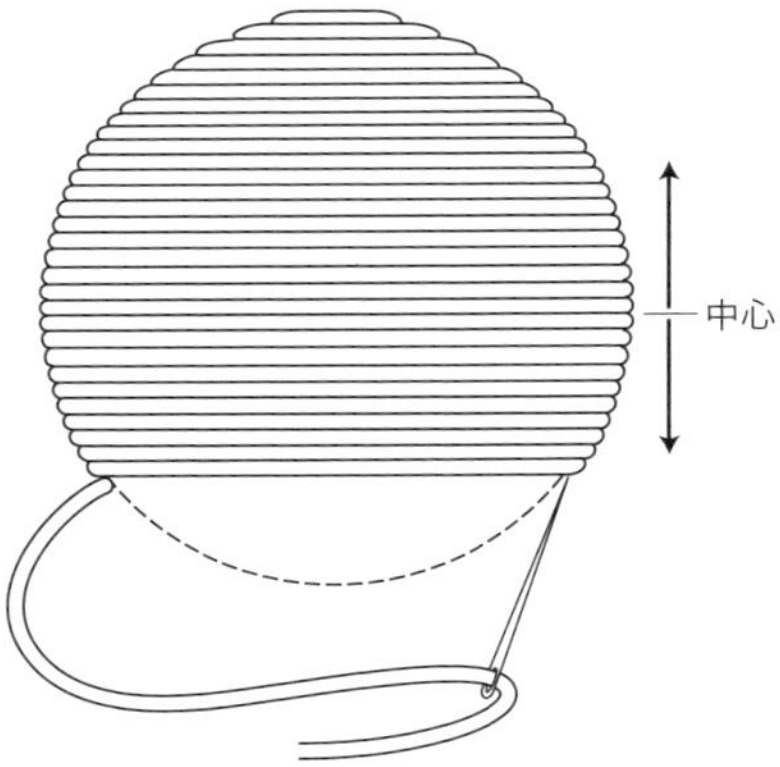

◎菅繍い

布目のよこ糸とよこ糸の溝に平行に糸を渡し、刺していく手法で、
糸と糸の間から布地が透けて見えるのが特徴です。
よこ糸の布目を一つ一つ拾っていくものを目拾い、1目おきのものを目とばし、
2目おきのものを2目とばしの菅繍いと呼んでいます。この本では目拾いのみ使用しています。
菅繍いをするときは、できれば布の目(横地)が体に対して垂直になるようにして作業すると、
目(よこ糸とよこ糸の溝)が見えやすく、刺繍しやすいでしょう。

繍い方

図案の左端(図案線の外側のきわ)のよこ糸とよこ糸の溝から針を出し、溝にそって糸を渡して針を入れ、目拾いは次の溝に、目とばしの場合は1溝ずつ、2目とばしの場合は2溝ずつとばして刺していきます。針足の長いものに関しては、とじ糸で2〜3mmの間隔で渡した糸をとめます。

◎目拾いの菅縫い

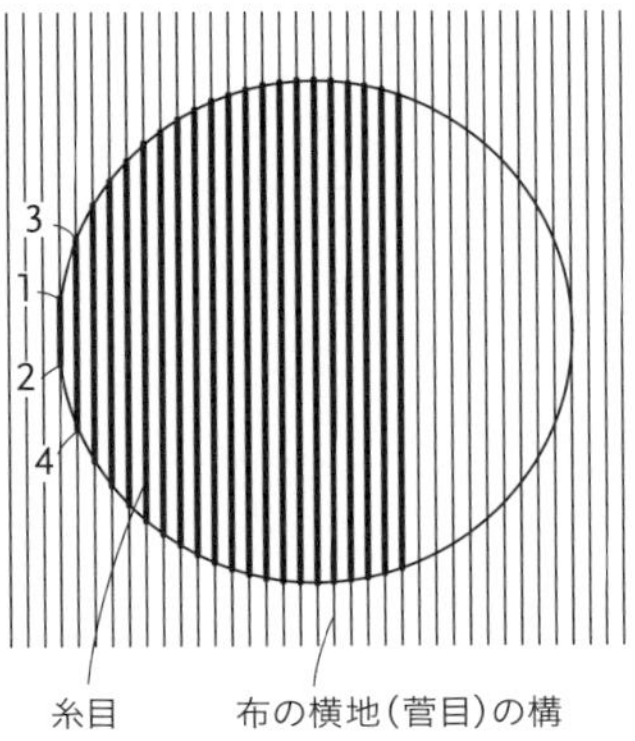

◎目とばしの菅縫い

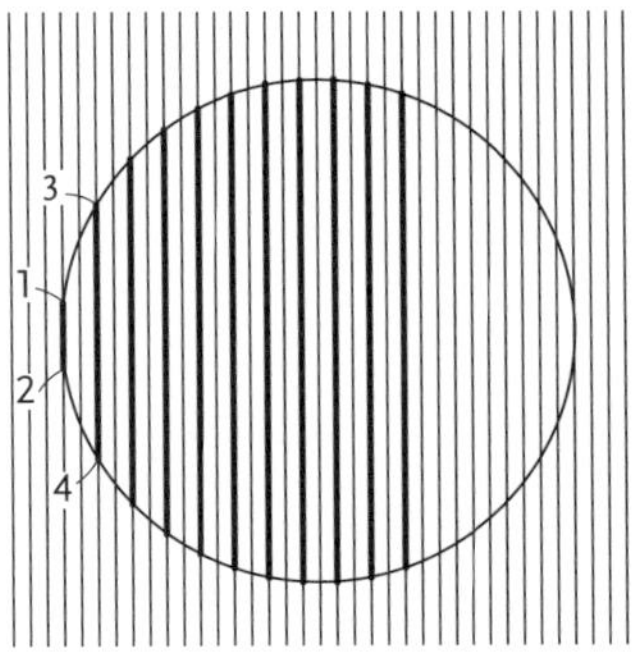

★番号は針運びの順番です

◎針足の長い場合

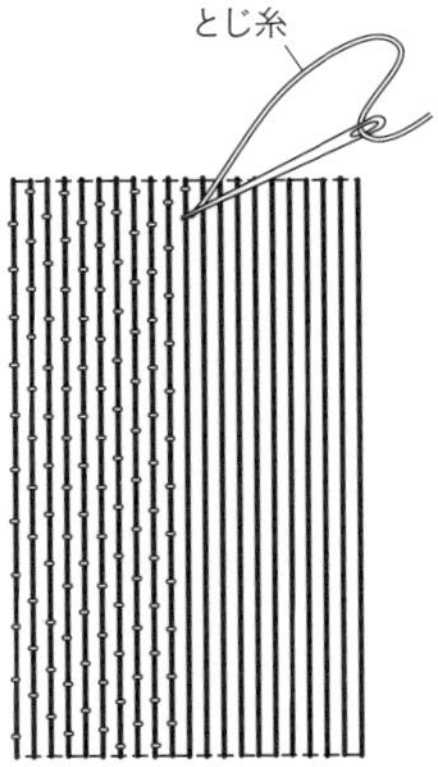

刺し繍い

フランス刺繍のロングアンドショートステッチにあたり、
花、葉など立体的な質感を表す場合によく用いられます。

繍い方

1段目は長短をつけて刺し、2段めは1目おきに1段めの短い針目に少しずつ重ねながら刺します。3段目からも同様に刺し進めます。図案によって針目の長さに長短をつけるなど、工夫しながら刺していきます。

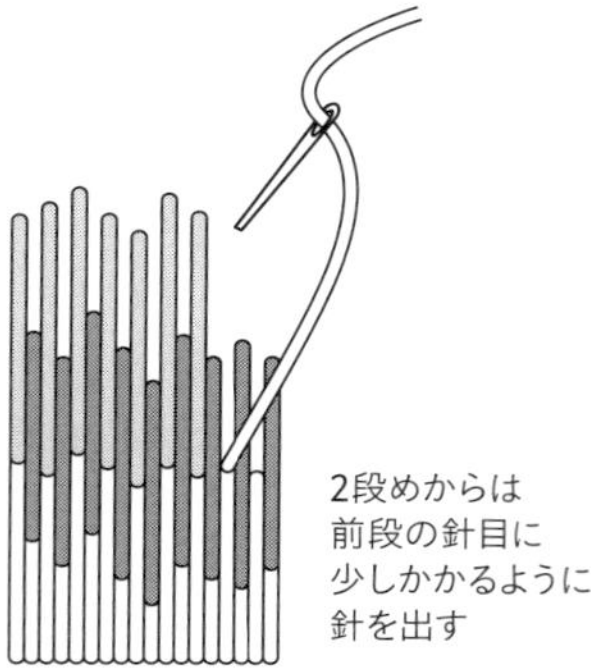
2段めからは
前段の針目に
少しかかるように
針を出す

掛け繍い

フランス刺繍のストレートステッチと同様。図案線に合わせて糸を渡して刺します。
飾り繍いなどによく用いられる技法です。
針足が短い場合はそのまま、長い場合はとじ糸で2〜3mmの間隔でとめます。

針足が短い場合

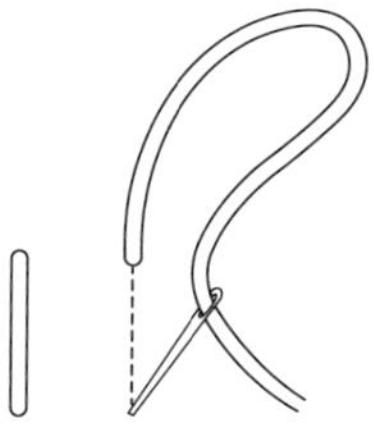

針足が長い場合

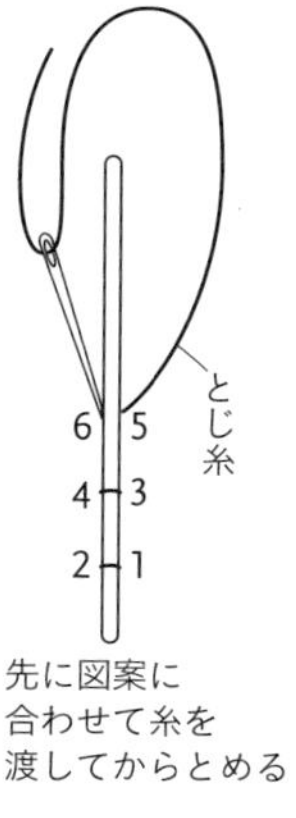
とじ糸
6
5
4
3
2
1
先に図案に
合わせて糸を
渡してからとめる

曲線を刺す場合

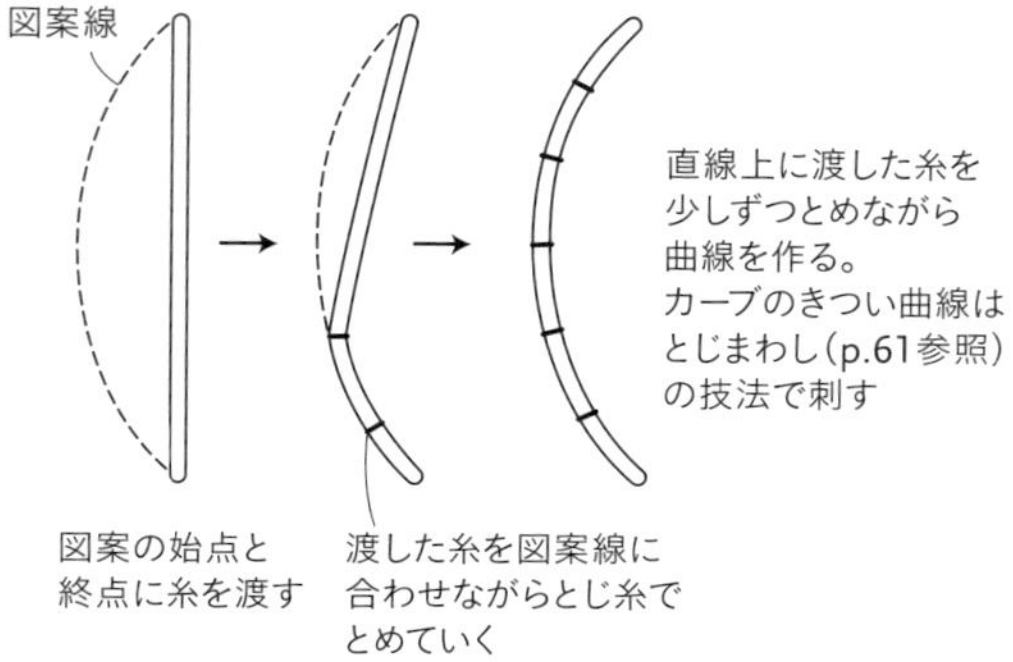
図案線
図案の始点と
終点に糸を渡す
渡した糸を図案線に
合わせながらとじ糸で
とめていく
直線上に渡した糸を
少しずつとめながら
曲線を作る。
カーブのきつい曲線は
とじまわし（p.61参照）
の技法で刺す

とじまわし

曲線が多かったり、カーブがきつい図案の場合は、
掛け繍い(前ページ)では刺しにくいので、とじまわしという技法を使います。

繍い方

布から針を出したら、針をはずし、一度駒(p.38参照)に巻いて糸を安定させ、図案の曲線にそってとじ糸でとめていき、図案線の終点で糸を駒からはずしてまた針に通し、布に針を入れます。これを繰り返して刺していきます。

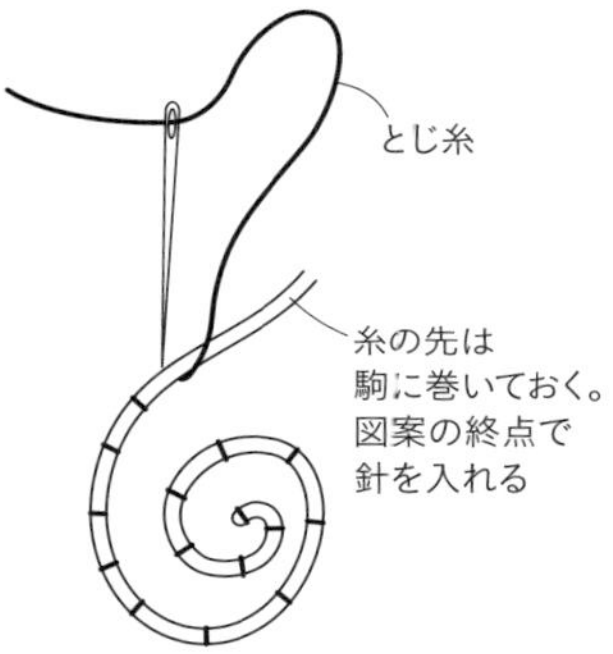
とじ糸
糸の先は
駒に巻いておく。
図案の終点で
針を入れる

斜め格子繍い

基本的な飾り繍いの一つで、面をうめたり、
麻の葉繍いなどの複雑な飾り繍いのベースにも使われます。

繍い方

指定の角度と間隔に掛け繍いで糸を渡し、渡した糸が動かないように別のとじ糸で交点を短い針目でとめます。

左右斜め30°、6mm間隔の格子を作る場合

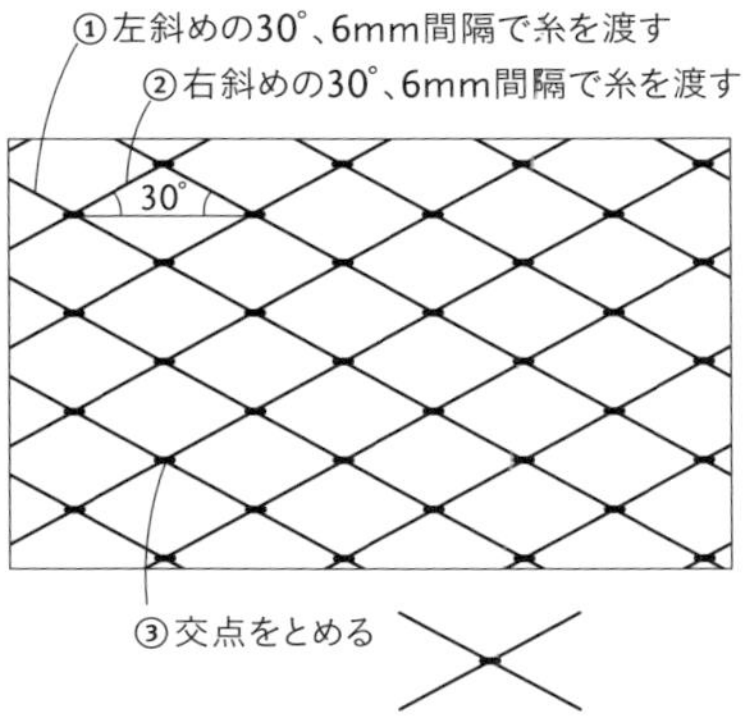
①左斜めの30°、6mm間隔で糸を渡す
②右斜めの30°、6mm間隔で糸を渡す
30°
③交点をとめる

✚作品の図案と繍い方

表記 ― 図案記号（A～）　刺す場所／繍い方／糸の色（色番号）／糸の本数

★糸はすべてDMCの25番刺繍糸を使用しています。糸の色はおおよその色味を表しています。
★図案の中に書き込んであるステッチのラインを参考にして、刺す方向や刺始めの位置を決めてください。
★図案は記載のないものは、すべて実物大です。
★作品で使用している布はp.62の捻じ梅（ハンカチ）、p.74の千鳥と干し網（バッグ）、p.90の燕に柳（日傘）以外は帯地（帯裏地）ですが、ほかの素材や色を使用してもかまいません（布についてはp.38参照）。

捻じ梅 ►p.6

緑とりのまつり繍いは刺しうめた平繍いに少しかかるようにして繍い、
すきまがあかないようにします。ハンカチは枠に糸でかがりつけることができないので、
ちょうどいい大きさの刺繍枠を使って固定するか、刺繍スタンド（p.39）などを利用して刺します。

A　花びら、花心／平繍い／ピンク（818）／2本どり
B　緑とり／まつり繍い／白（BLANC）／1本どり
C　しべ／掛け繍い／白（BLANC）／1本どり

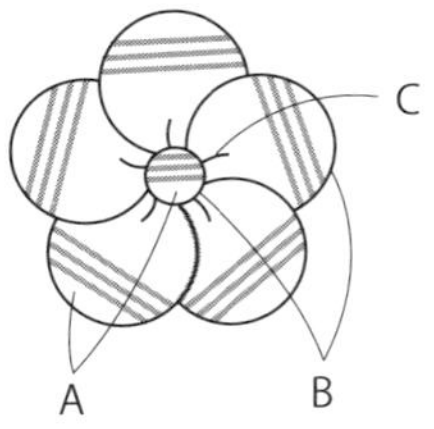

細川家三ツ割桜 ►p.7

桜の雄しべ、葉脈は布に図案を写さずに、葉の下地を割り繡いで刺してから、図案を参照して刺していきます(p.53参照)。

A　花びら／平繡い／ピンク(963)／2本どり

B　花心／平繡い／白(BLANC)／2本どり

C　しべ／掛け繡い／金(E3821)／1本どり

D　つぼみ／平繡い／ピンク(963)／1本どり

E　つぼみの軸／まつり繡い 緑(989)／1本どり

F　葉／割り繡い／薄緑(3348)／2本どり

G　中心の葉脈／まつり繡い／緑(989)／1本どり

H　両側の葉脈／掛け繡い／緑(989)／1本どり

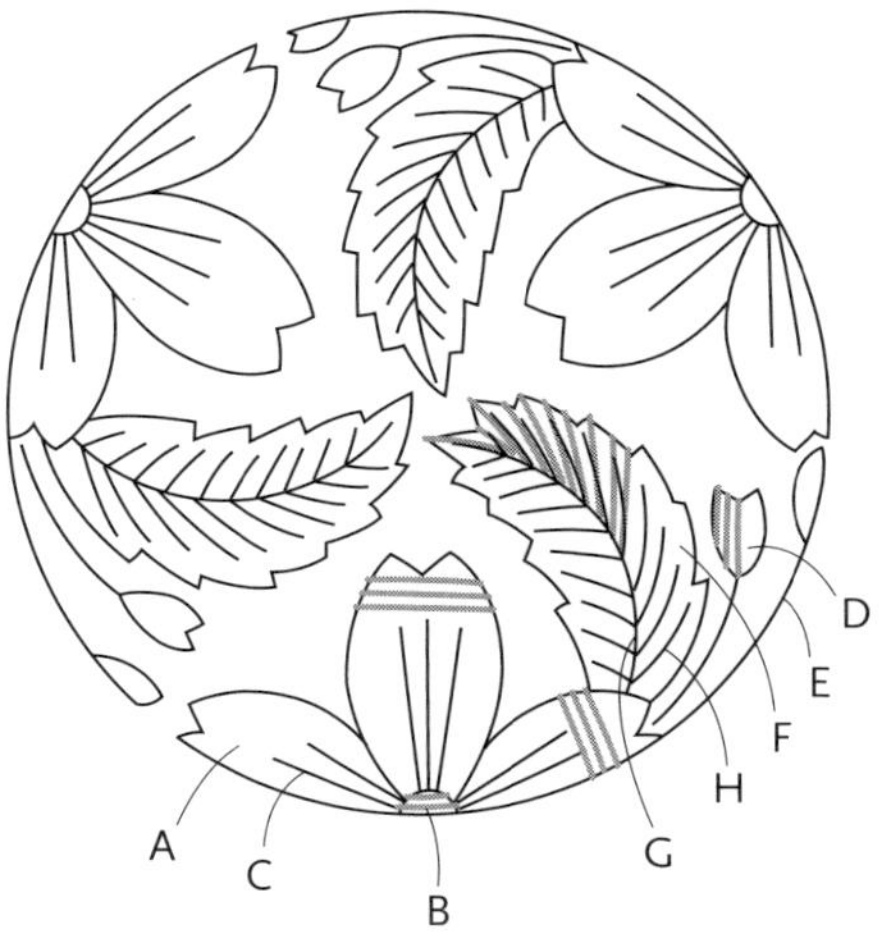

根付き松 ►P.8

枝部分の繍い切り（まつり繍い）は金糸、銀糸を使用するため、
糸の縒りに合わせた方向で刺すと糸のなじみがよく、美しく仕上がります（図の矢印参照）。

A　松の枝、枝先の実、根／繍い切り（細いところはまつり繍い）／金（E3821）／1本どり

B　松の枝、枝先の実、根／繍い切り（細いところはまつり繍い）／銀（E415）／1本どり

C　松葉／掛け繍い／金（E3821）／1本どり

D　松葉／掛け繍い／銀（E415）／1本どり

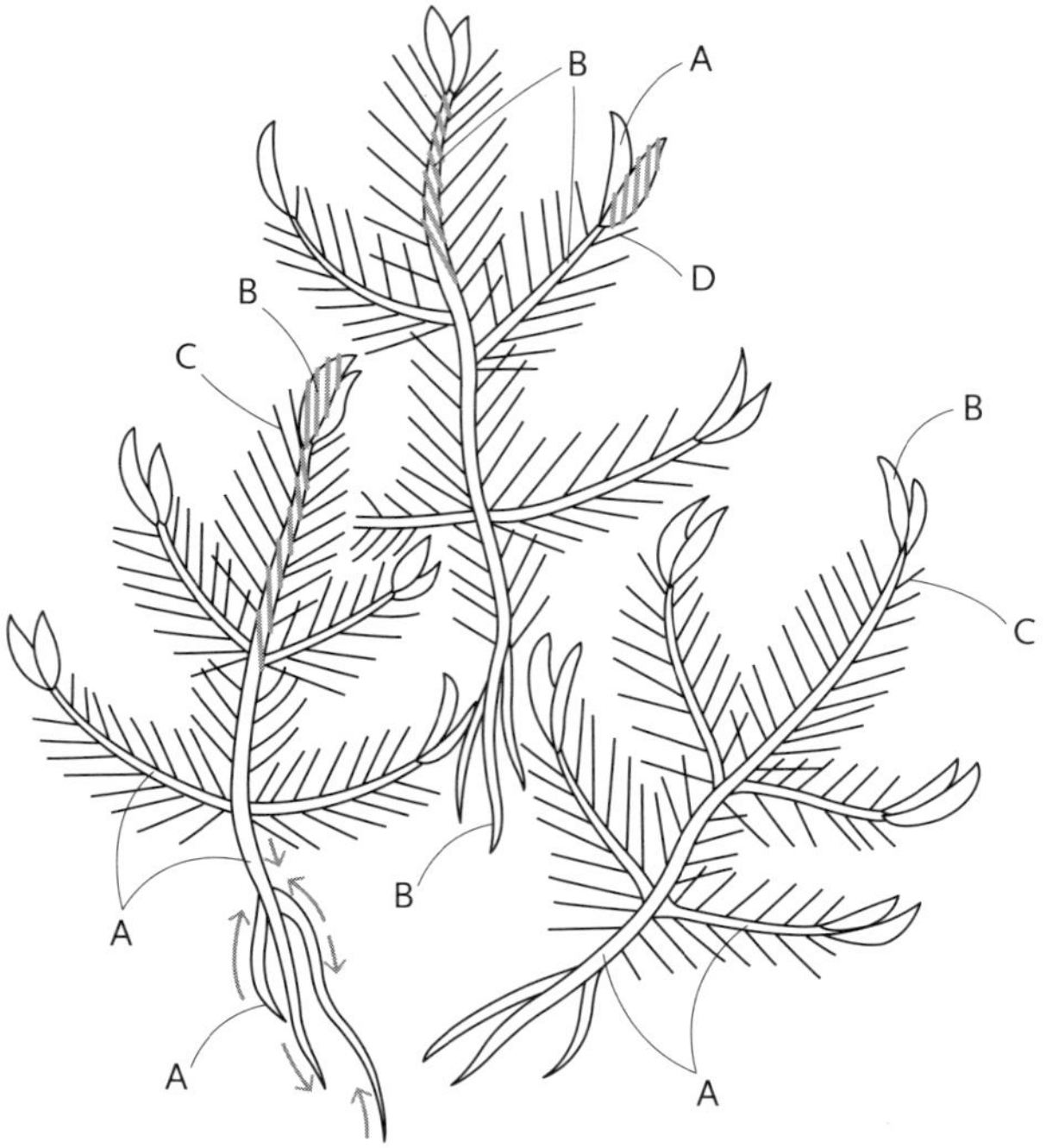

松 ►p.9

平繡いで刺しうめて下引きをしたあと、図案を参照して金糸で飾り繡いをします(p.53参照)。
下引きの糸のすきまがあかないように、飾り繡い(掛け繡い)の金糸は下引きの糸と糸の間ではなく
糸の上から斜めに針を入れて刺すようにします。

A　下引き(写真上)／平繡い／緑(368)／2本どり
B　下引き(写真中)／平繡い／緑(988)／2本どり
C　下引き(写真下)／平繡い／緑(986)／2本どり
D　枝／掛け繡い／金(E3821)／1本どり　とじ糸／黄(17)／1本どり
(針足の長い部分は2〜3mm間隔でとじ糸でとめる)

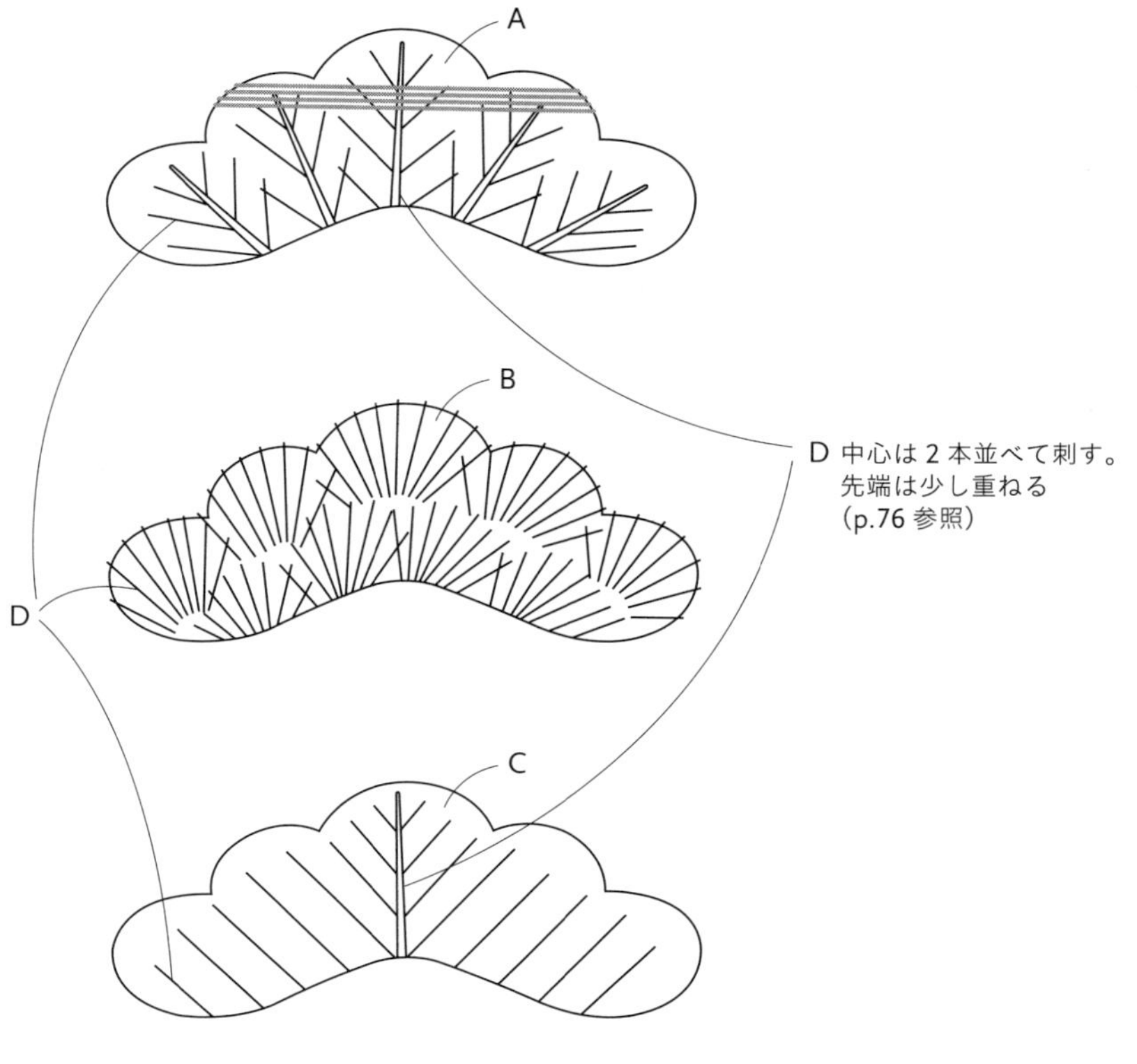
A
B
C
D
D 中心は2本並べて刺す。
先端は少し重ねる
(p.76 参照)

光琳菊 ►P.10

すべて平繍いや繍い切りで刺しうめるため、2本どりの糸はねじれないように、
糸が平行に並ぶように整えながら刺しましょう。

A　花びら／平繍い／オレンジ(720)／2本どり
B　花びら／平繍い／黄(973)／2本どり
C　花びら／平繍い／金茶(676)／2本どり
D　花心／繍い切り／オレンジ(720)／1本どり
E　花心／繍い切り／黄(973)／1本どり
F　葉／平繍い／緑(561)／2本どり
G　葉／平繍い／青緑(3848)／2本どり
H　茎／まつり繍い／緑(561)／1本どり
I　茎／まつり繍い／青緑(3848)／1本どり
J　葉脈／掛け繍い／緑(561)／1本どり
K　葉脈／青緑(3848)／掛け繍い／1本どり

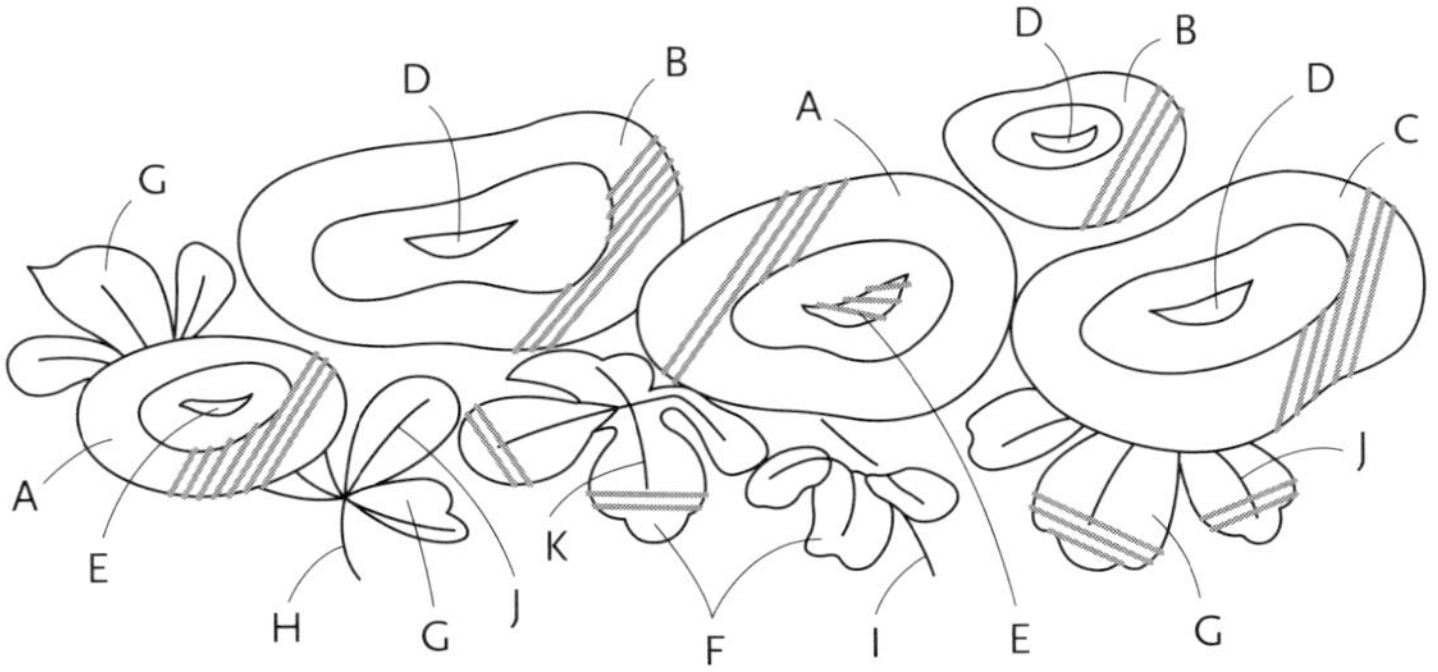

瓜と鉢 ►p.11

刺繍の順番はまず、上皿の輪郭を刺してから、器の文様、瓜と葉と刺し進むといいでしょう。

瓜と葉は図案の手前側にあるものから順に刺すと仕上りがきれいです。

A　瓜の実／繍い切り／紫(3041)／2本どり
B　瓜の実／平繍い／緑(991)／2本どり
C　瓜の実の筋／まつり繍い／黒(310)／1本どり
D　瓜の実／繍い切り／緑(991)／2本どり
E　瓜の実、葉／平繍い／金茶(676)／2本どり
F　瓜の実の筋、葉脈(中心)、上皿の唐草模様／まつり繍い／茶(898)／1本どり
G　葉／平繍い／緑(505)／2本どり
H　葉脈(中心)、上皿の縁とり／まつり繍い／茶(3031)／1本どり
I　葉脈、器の足(上部)／掛け繍い／茶(3031)／1本どり
J　葉脈／掛け繍い／茶(898)／1本どり
K　上皿の地／菅繍い／金茶(676)／1本どり(布目にそってところどころを刺す)
L　器の足(下部)／繍い切り／茶(898)／2本どり

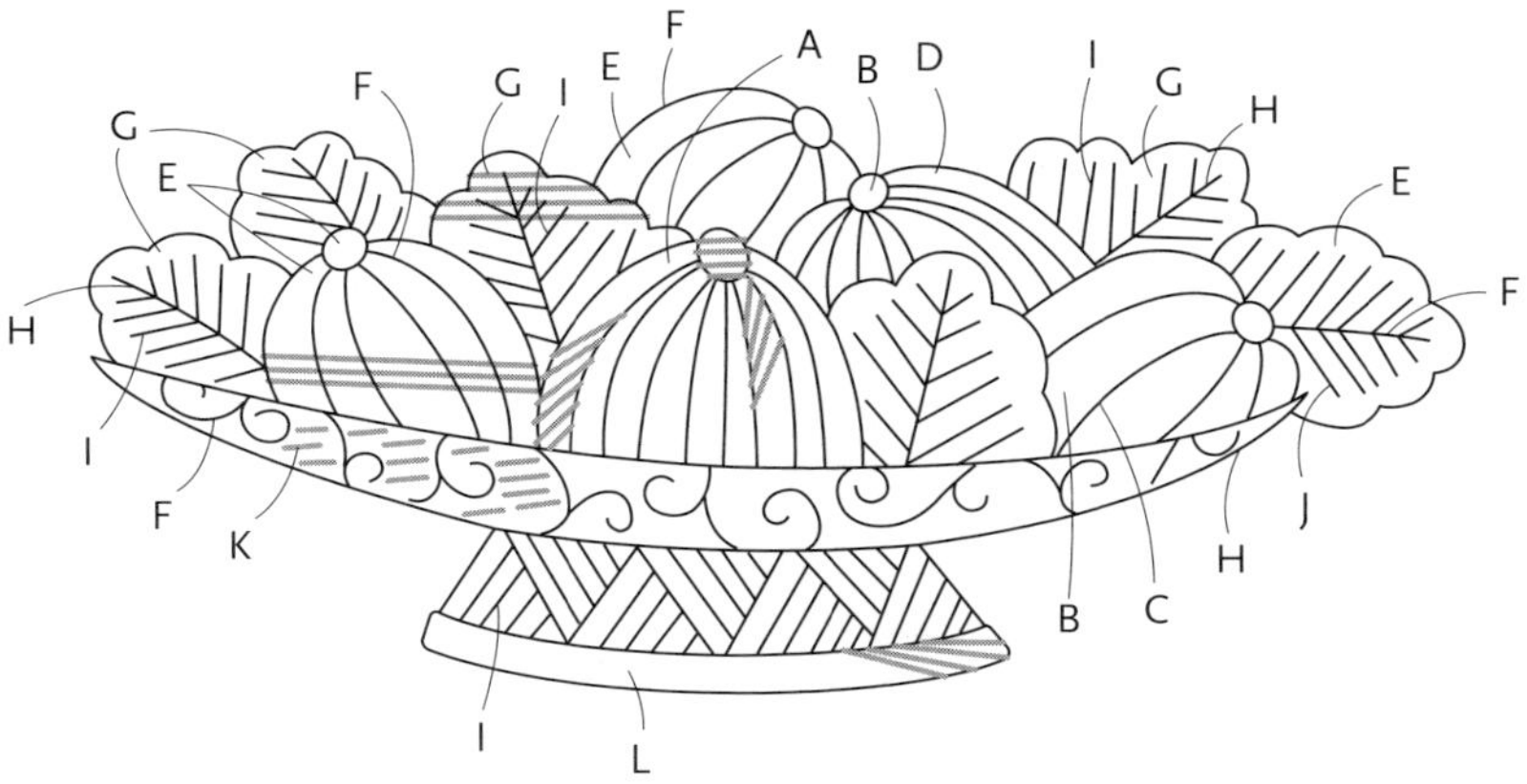

薊 ► p.13

とげのある花を表現する組み繍いは、斜め格子繍いで順に刺しうめていく技法です。

2本の糸の交点をとめる糸が、縦にきれいに並ぶように気をつけて刺すのがポイントです。

A　花(上部)／刺し繍い／ピンク(224)／1段め3本どり、2段め1本どり
B　花(上部)／刺し繍い／赤紫(3722)／1本どり
C　花／組み繍い／赤紫(3858)／3本どり　とじ糸1本どり
D　花／組み繍い／茶(977)／3本どり　とじ糸1本どり
E　花／組み繍い／茶(976)／3本どり　とじ糸1本どり
F　花(とげ)／掛け繍い／金(E3821)／1本どり
G　がく／刺し繍い／紫(153)／2本どり
H　がく／刺し繍い／紫(327)／2本どり、1本どり
I　葉／割り繍い／緑(367)／2本どり
J　葉／割り繍い／緑(989)／2本どり
K　葉／割り繍い(刺し繍い)／緑(367、989)／各1本どりで引き合わせる
L　葉脈／まつり繍い／金(E3821)／1本どり

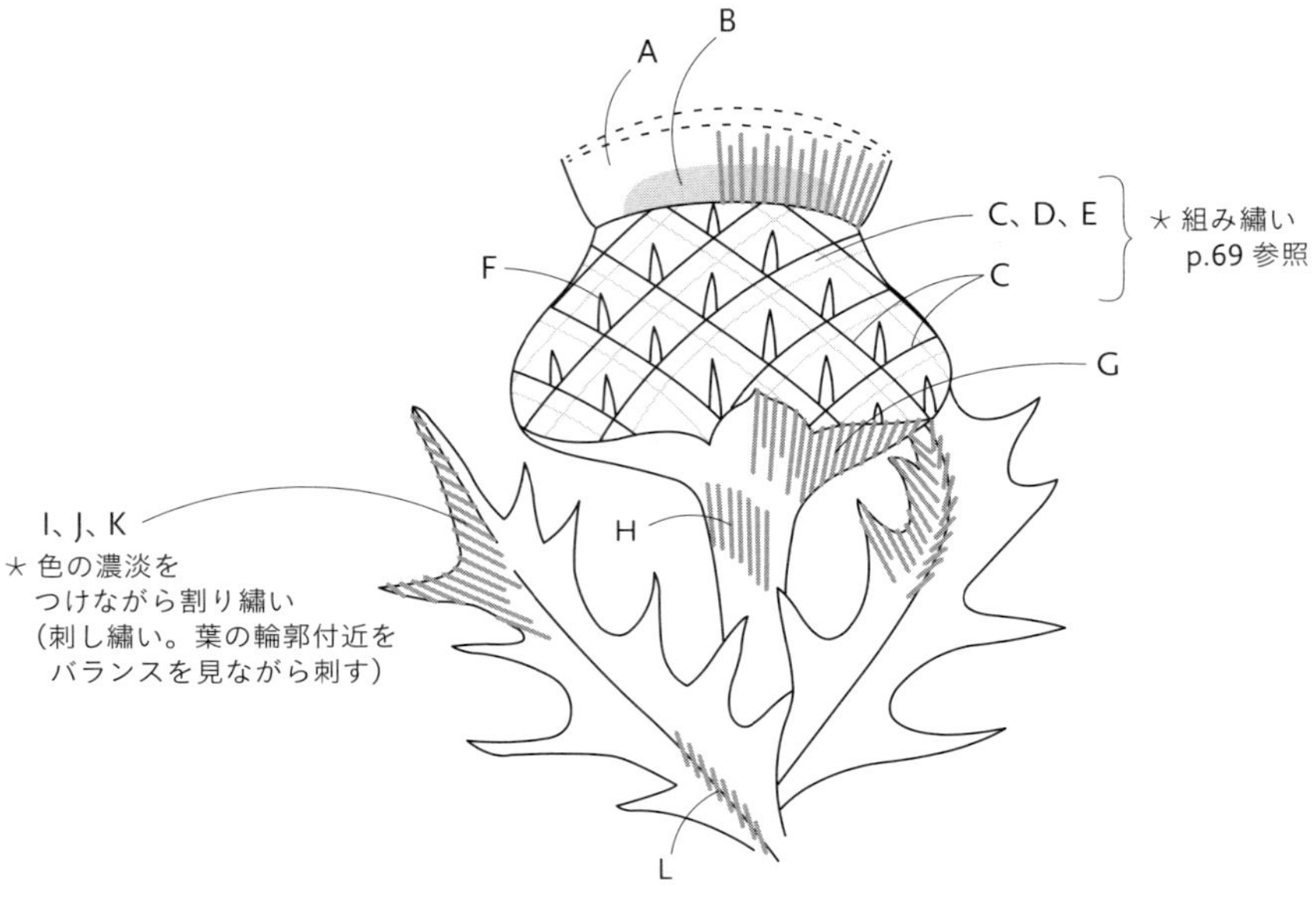

A
B
C、D、E
★組み繍い
p.69参照
F
C
G
H
I、J、K
★色の濃淡を
つけながら割り繍い
(刺し繍い。葉の輪郭付近を
バランスを見ながら刺す)
L

✚薊の花の刺し方（組み繍い）

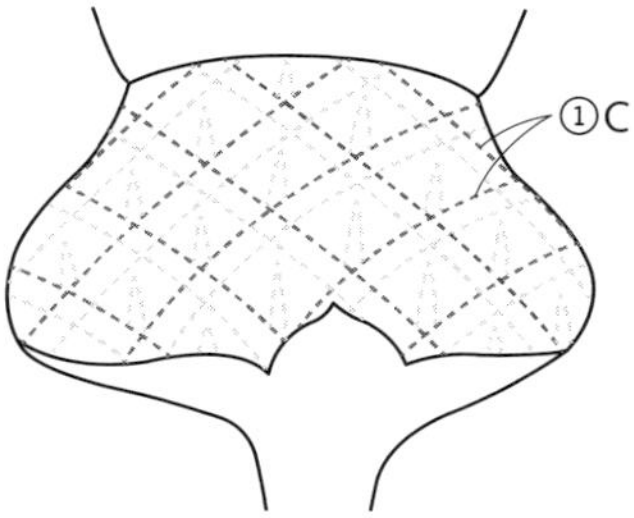

① 糸C（赤紫）を図案線（左ページの図案の濃い方の線）の端から端へ掛け繍いで糸を渡し、反対側も同様に糸を渡す。
とじ糸を針に通して、
2つの線の交点のすぐ上から針を出し、
交点の下へ針を入れてとめる。
図案に合わせてなだらかな曲線になるように注意する。

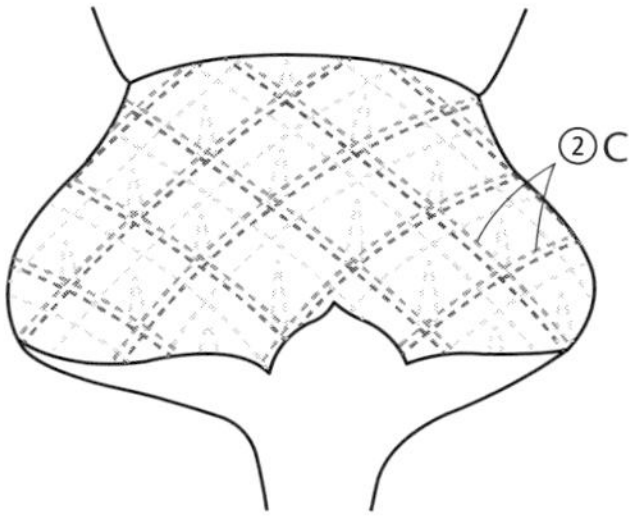

② 糸C（赤紫）を ①で刺したすぐ上に同様に刺し、
交点をとめる。
とめた交点は ①の交点の上にそろうようにする。

③ さらに糸 C（赤紫）を刺す。

④ 続けて糸D（茶）、糸C（赤紫）2回、
糸E（茶）の順に同様に刺し、面をうめる。

⑤ 面がうまったら、糸 F（金）で掛け繍いでとげの部分を刺す。

蒲公英 ► P.12

葉のぎざぎざをシャープに刺すことで、蒲公英らしさが表現できます。
葉の繍い切りは針目の関係で図案のラインと少しずれてしまっても、
葉の特徴が出ていれば大丈夫です。

A　花びら、がく／繍い切り／白(BLANC)／1本どり
B　茎、葉の輪郭の上部／まつり繍い／白(BLANC) 1本どり
C　葉／繍い切り／白(BLANC)／2本どり
D　葉脈、葉の輪郭／掛け繍い／白(BLANC)／1本どり
E　花心／斜め格子繍い／白(BLANC)／1本どり　とじ糸1本どり
（角度45°、1mm間隔で掛け縫い）

熊手 ►P.14

熊手の柄と先の部分の繍い切りは輪郭がきれいにそろうように気をつけて刺しましょう。

熊手の添え木部分は竹の部分を先に全部刺したあとに刺すようにします。

A　竹の部分／繍い切り／金茶(676)／1本どり
B　木の部分／繍い切り／茶(869)／2本どり
C　紐／掛け繍い／黒(310)／2本どり

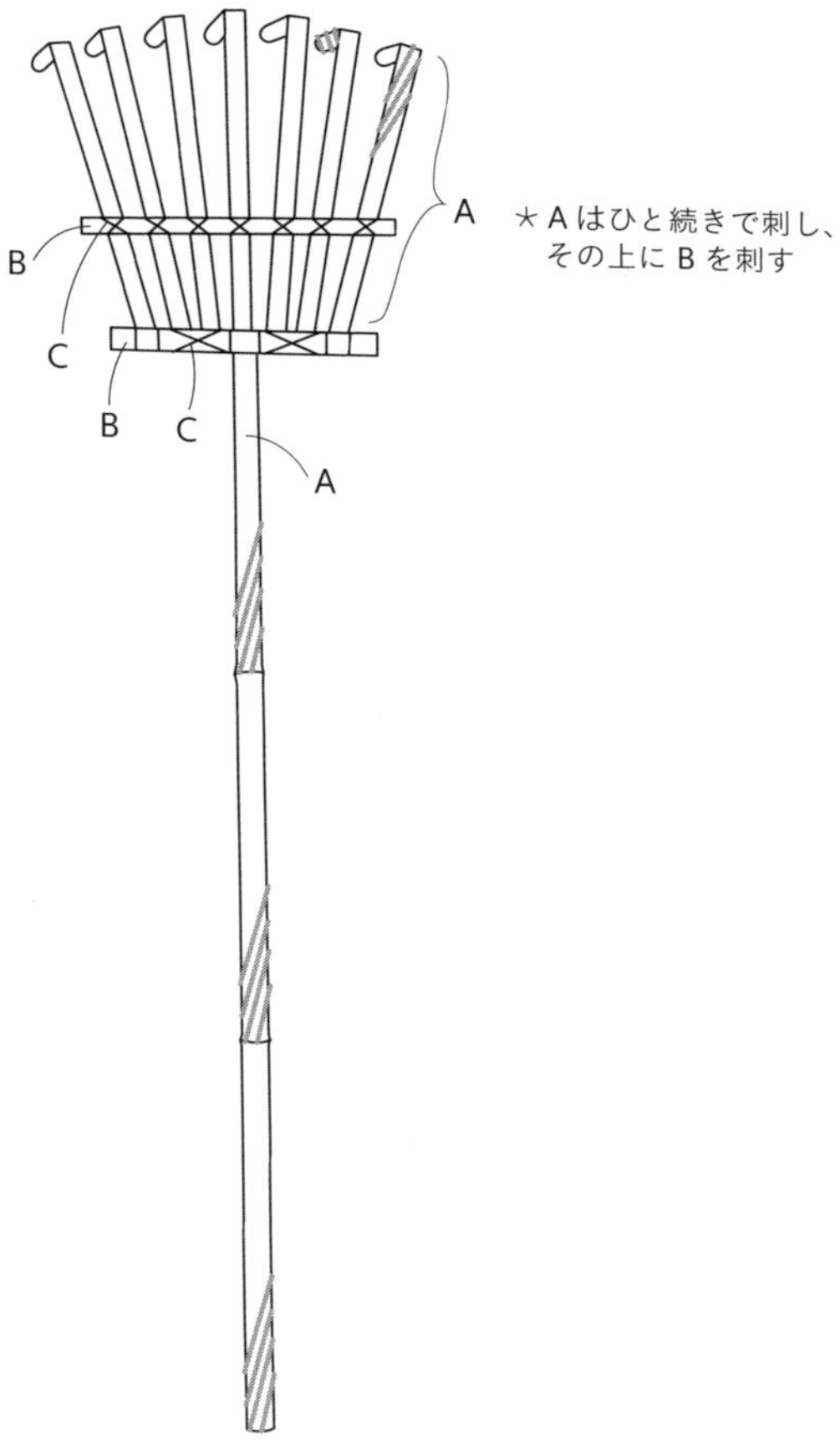

吹寄せ ►P.15

図案は刺繡するものやサイズに合わせて、
松葉と落ち葉を自由に組み合わせても。

A　紅葉／割り繡い／オレンジ(720)／2本どり
B　紅葉／まつり繡い／茶(976)／1本どり
C　紅葉／繡い切り／茶(976)／1本どり
D　松葉、横向きの梅(茎)／まつり繡い／緑(986)／1本どり
E　松葉(はかま)／おがみ繡い(繡い切り)／茶(869)／1本どり
F　松葉(軸)／繡い切り／茶(869)／1本どり
G　銀杏／平繡い／黄(17)／2本どり
H　銀杏／繡い切り／黄(17)／2本どり
I　茎／繡い切り／緑(989)／2本どり
J　葉／おがみ繡い(まつり繡い)／緑(989)／1本どり
K　梅、梅のつぼみ／平繡い／白(BLANC)／2本どり
L　梅のしべ／掛け繡い／ピンク(818)／1本どり
M　梅のつぼみ／掛け繡い／緑(986)／1本どり
N　横向きの梅／平繡い／ピンク(818)／2本どり
O　横向きの梅(がく)／平繡い／緑(986)／1本どり

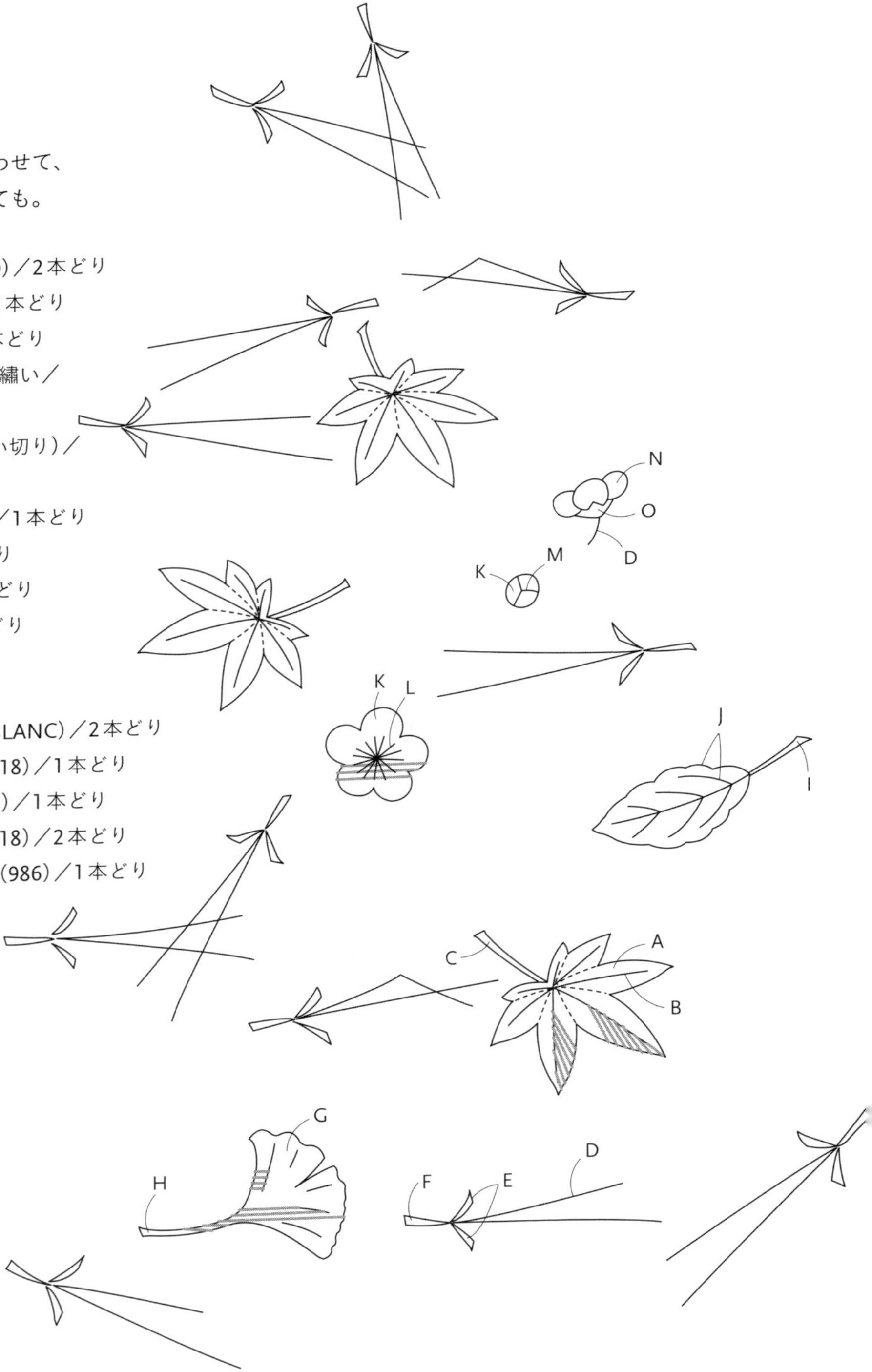

図案は105パーセント拡大してください

✚基礎繍い ▸P.36

紅葉の図案と、それぞれの繍い方に使用した糸の詳細です。
刺繍の練習に使ったり、好きな繍い方で作品に仕上げたり、自由に使ってください。

（写真左上）芥子繍い／朱赤（350）／2本どり
（写真左下）相良繍い／朱赤（350）／3本どり
（写真中上）とじまわし／金（E3821）／1本どり　とじ糸／黄（17）／1本どり
（写真中下）まつり繍い／朱赤（350）／1本どり
（写真右上）菅繍い／朱赤（350）／1本どり　葉脈と軸は繍い切り／朱赤（350）／1本どり
（写真右下）平繍い／朱赤（350）／2本どり
葉脈は掛け繍い／金（E3821）／1本どり　とじ糸／黄（17）／1本どり
軸は繍い切り／朱赤（350）／1本どり

千鳥と干し網 ▶P.16

干し網は図のように、まつり縫いのラインを互い違いに交わるように刺して網目を表現するのがポイントです。千鳥の目は刺していませんが、刺す場合は体を平繍いで刺しうめた上に図案の位置に白2本どりで相良繍いを一つ刺します。作品は綿麻の布に刺し、バッグに仕上げたものです。

A　千鳥(体)／平繍い／グレー(413)／2本どり
B　千鳥(足、くちばし)／掛け繍い／グレー(413)／1本どり
C　干し網／まつり繍い／薄オレンジ(950)／1本どり
D　干し網／まつり繍い／茶(3826)／1本どり
E　干し網／まつり繍い／茶(976)／1本どり

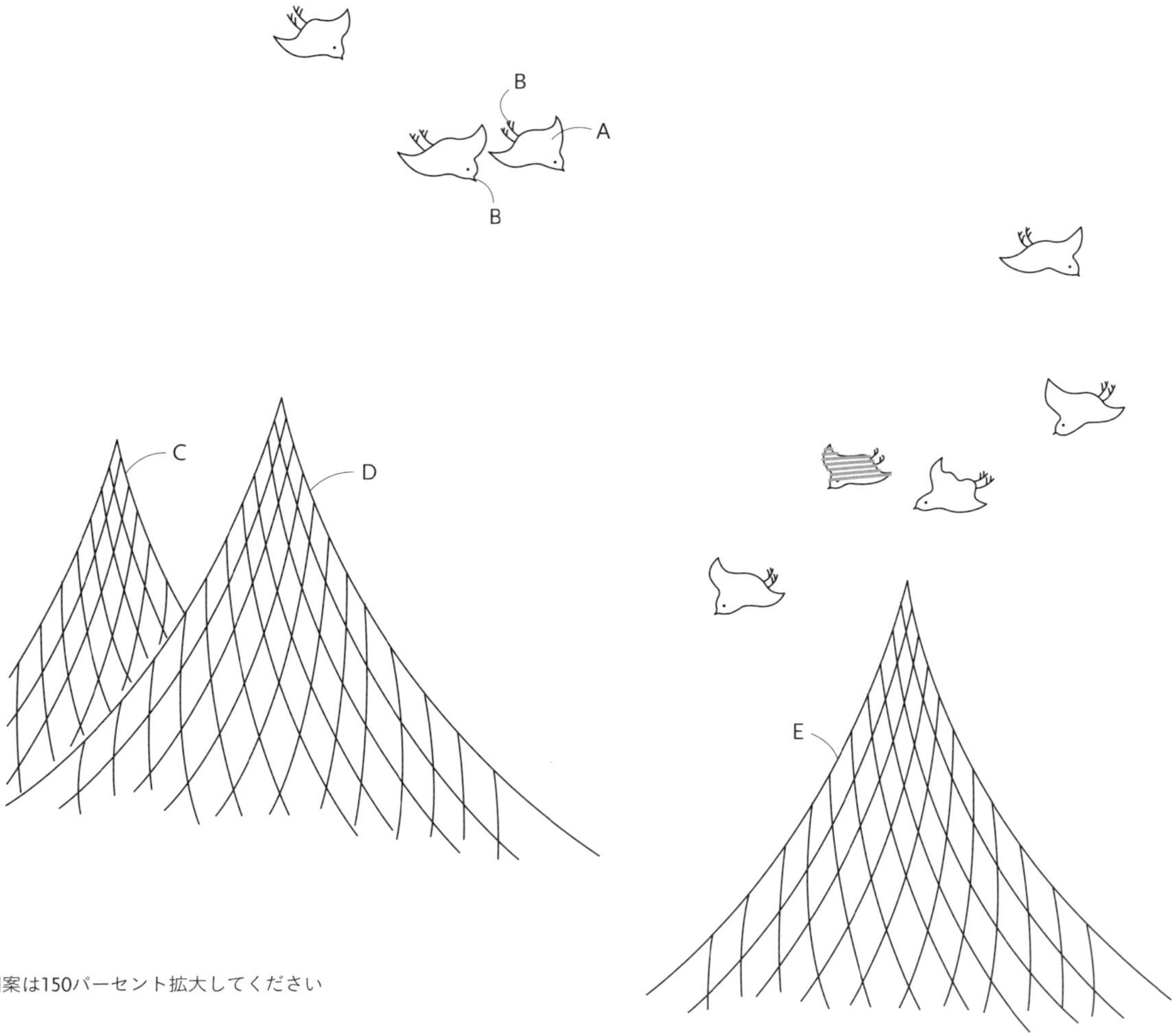

図案は150パーセント拡大してください

✚干し網の刺し方

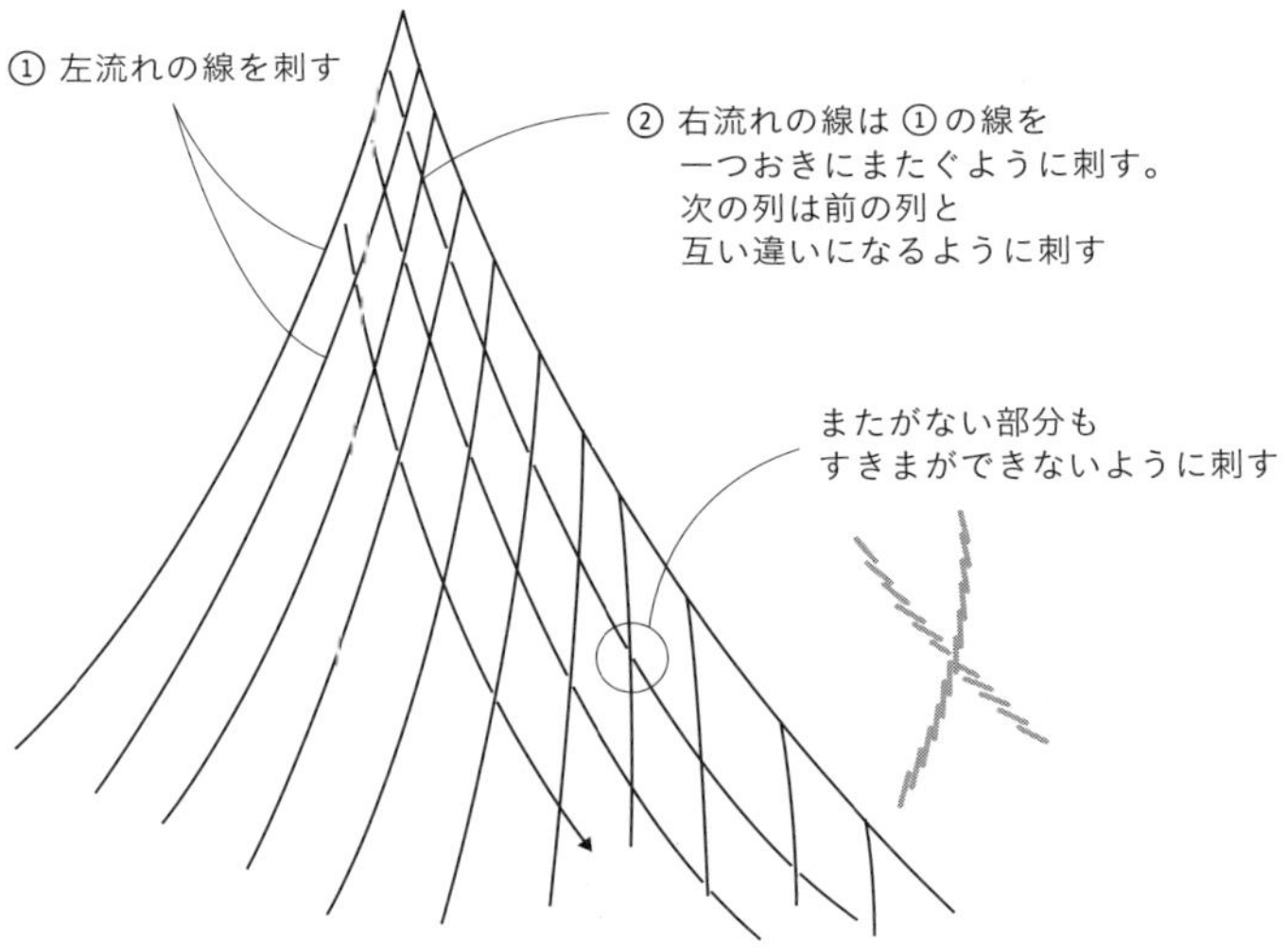

① 左流れの線を刺す
② 右流れの線は ①の線を
一つおきにまたぐように刺す。
次の列は前の列と
互い違いになるように刺す
またがない部分も
すきまができないように刺す

雷雲 ► P.18

相良繍いを刺すときは間隔を詰めすぎないようにします。
新たな粒を作ったとき前に刺した粒がつぶれないように、間隔を考えて針を出すようにすると、
仕上りがそろいます。

A　雲／相良繍い／茶(782)／3本どり
B　雲／相良繍い／緑(505)／3本どり
C　雲／相良繍い／緑(368)／3本どり
D　雲／相良繍い／緑(369)／3本どり
E　雨／掛け繍い／青(797)／1本どり
F　稲妻／掛け繍い／金(E3852)／1本どり
G　稲妻／とじ糸／黄(743)／1本どり

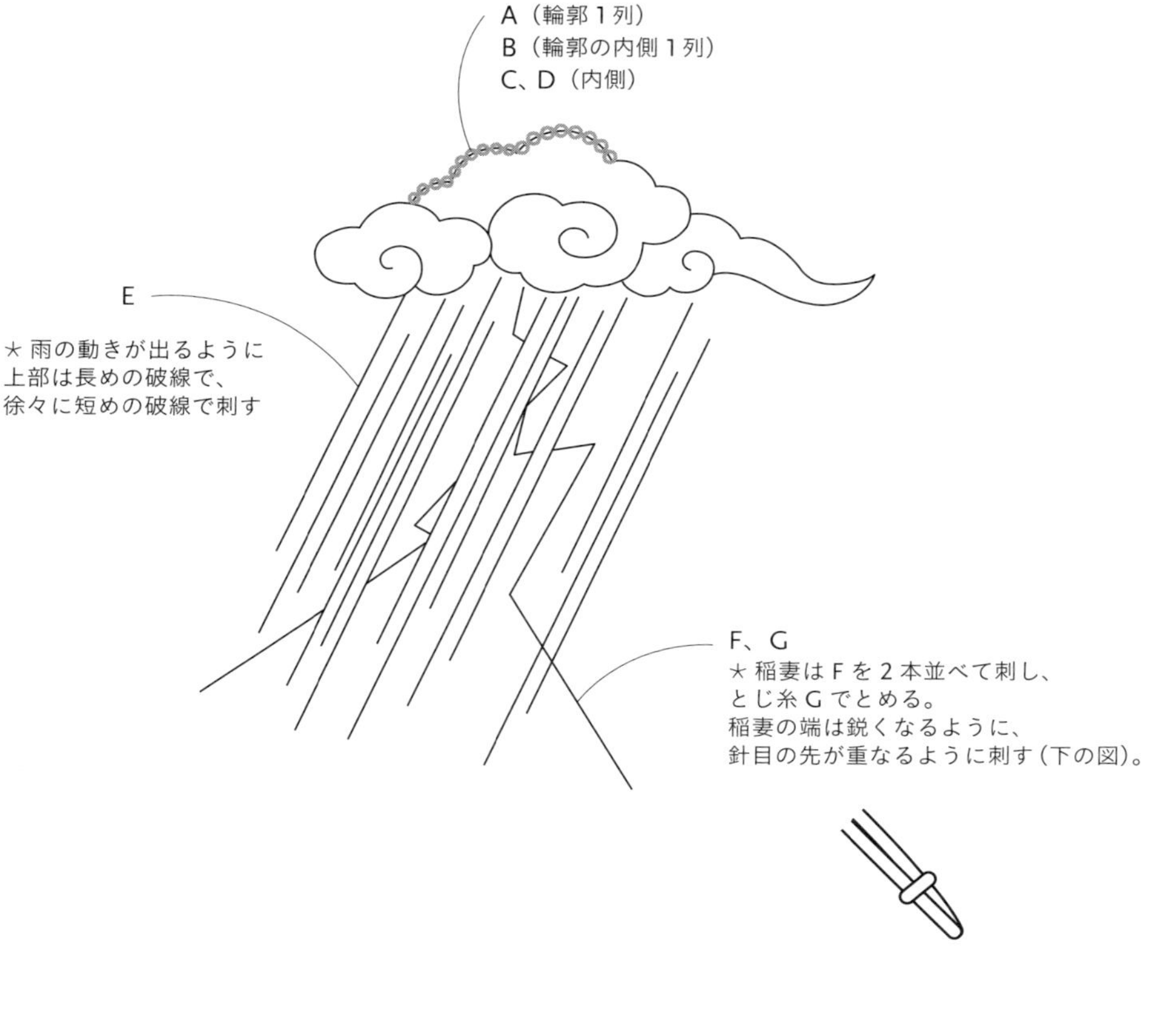
A（輪郭1列）
B（輪郭の内側1列）
C、D（内側）
E
★雨の動きが出るように
上部は長めの破線で、
徐々に短めの破線で刺す
F、G
★稲妻はFを2本並べて刺し、
とじ糸Gでとめる。
稲妻の端は鋭くなるように、
針目の先が重なるように刺す（下の図）。

曲馬 ►P.19

単色で繍い切りだけで仕上げるため、丁寧に刺繍することが大切です。

2本どりで刺すところは、糸がねじれないように、2本の糸を平行にそろえて刺しましょう。

A　馬(胴体)、人(頭と体)と扇／繍い切り／青(825)／2本どり
B　馬(耳、足、尾)、人(手)／繍い切り／青(825)／1本どり

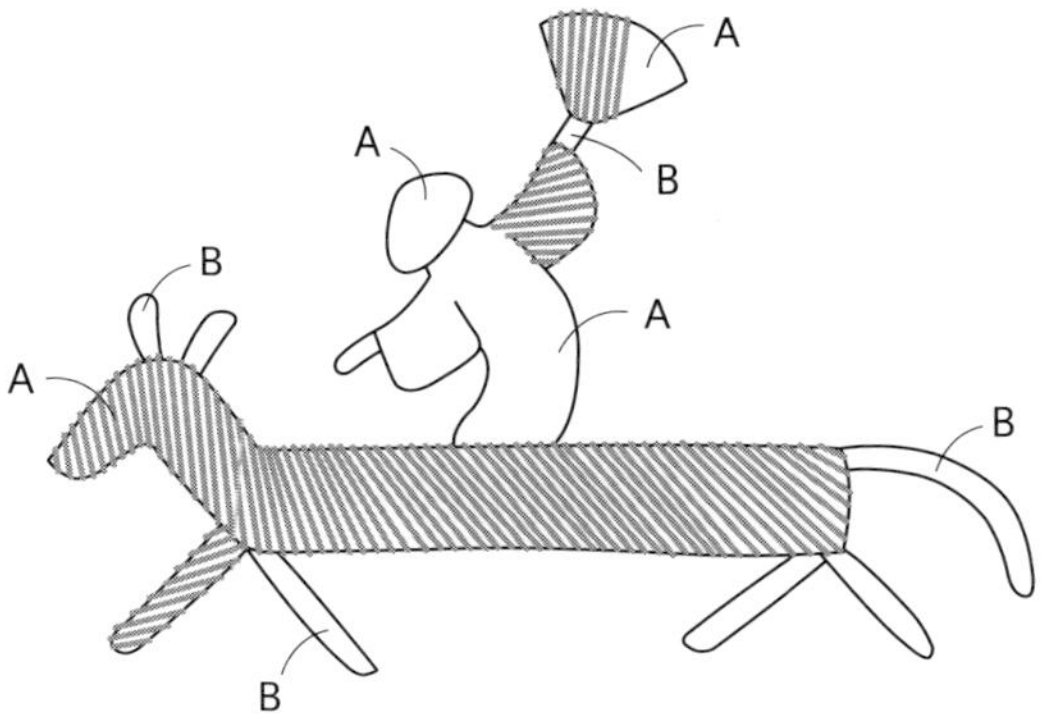

雪花 ►P.21

繊細な結晶の文様なので、図案に忠実に、全体の針目をそろえて、シャープに仕上げるのがポイントです。

（上）

A　星形／菅繍い／青（775）／1本どり

B　菱形／菅繍い／青（3766）／1本どり

C　線／掛け繍い／青（807）／1本どり

（中）

D　花、中心／平繍い／青（3766）／1本どり

E　葉／おがみ繍い／青（807）／1本どり

F　線／掛け繍い／青（3766）／1本どり　とじ糸1本どり

（下）

G　中心／菅繍い／青（3766）／1本どり

H　中心の線、周りの線／掛け繍い／薄青（747）／1本どり　とじ糸1本どり

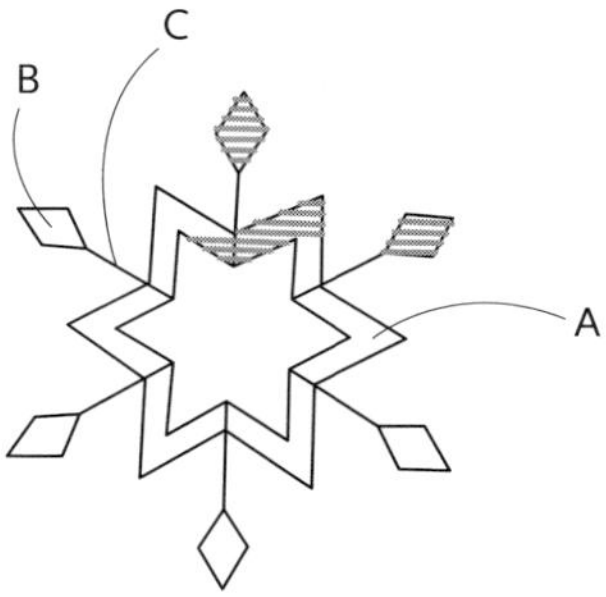
C
B
A

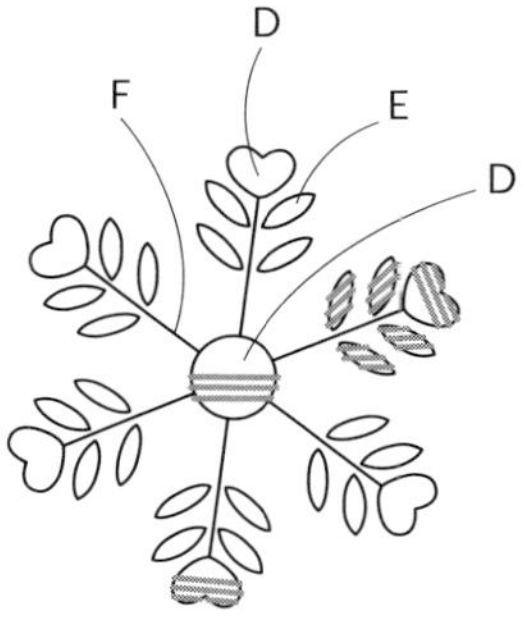
D
F
E
D

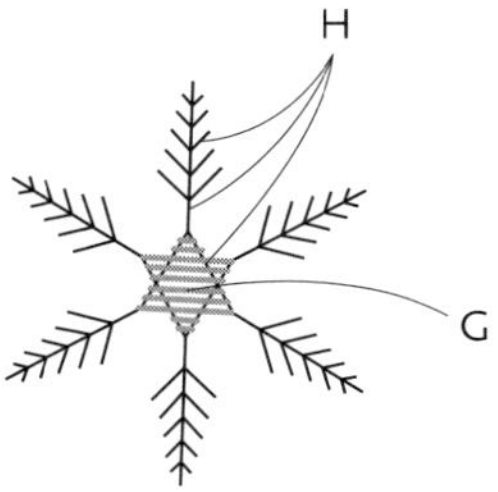
H
G

雪輪 ►P.20

相良繡いの色の変り目は図のように
粒を1か所互い違いに入れると自然な切替えになります。

A　輪郭／相良繡い／青(791)／3本どり
B　輪郭／相良繡い／青(825)／3本どり
C　輪郭／相良繡い／紫(327)／3本どり

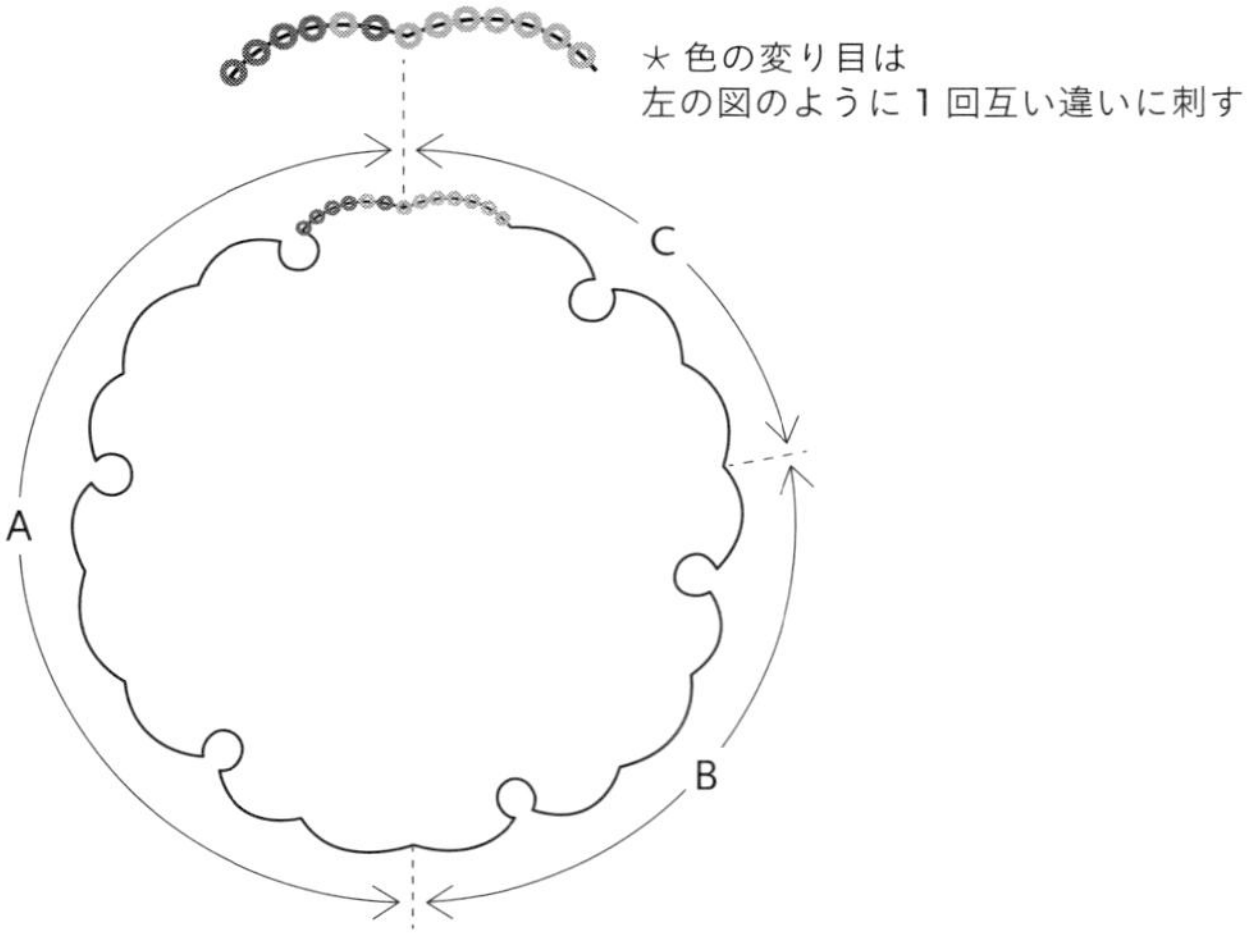
★色の変り目は
左の図のように1回互い違いに刺す
C
A
B

組紐 ►P.22

中押え繍いは刺している途中で中の三針の針目がずれてしまうことがあるので、常に図案の中心にくるように注意しながら刺しましょう。

A　紐／中押え繍い／緑(367)／2本どり
B　房頭／平繍い／青(336)／2本どり
C　房頭／繍い切り／青(336)／2本どり
D　房頭／平繍い／赤(350)／2本どり
E　房頭の輪郭、房／とじまわし／金(E3821)／1本どり
　　とじ糸／黄(17)／1本どり

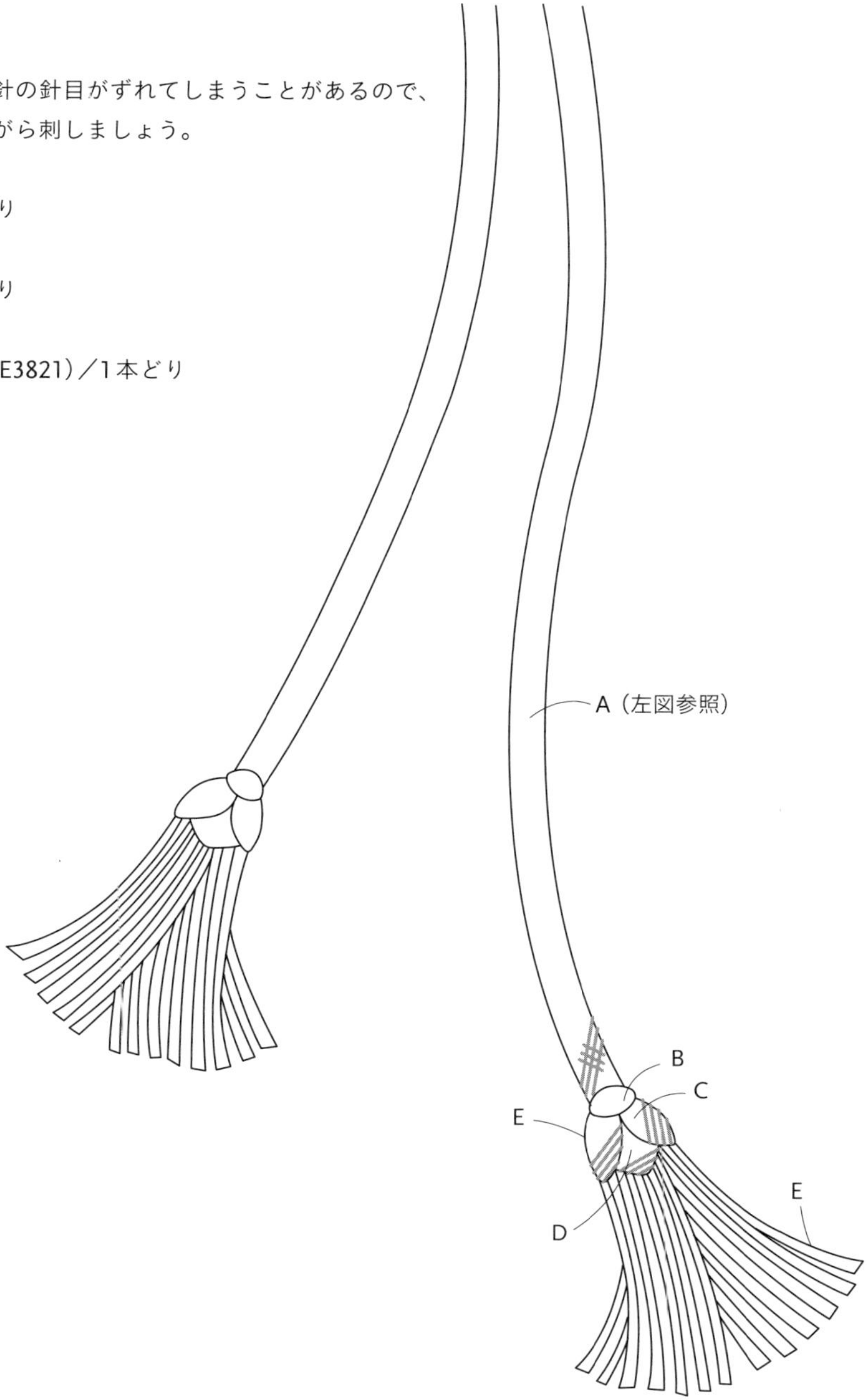
A（左図参照）
B
C
E
D
E

★A(中押え繍い)の方法
まず、図案線の幅いっぱいに斜めに3本並べて刺し、この針目の中央に糸を3本直角に刺して、下の糸を押さえるように刺す。

これを繰り返して刺し進む

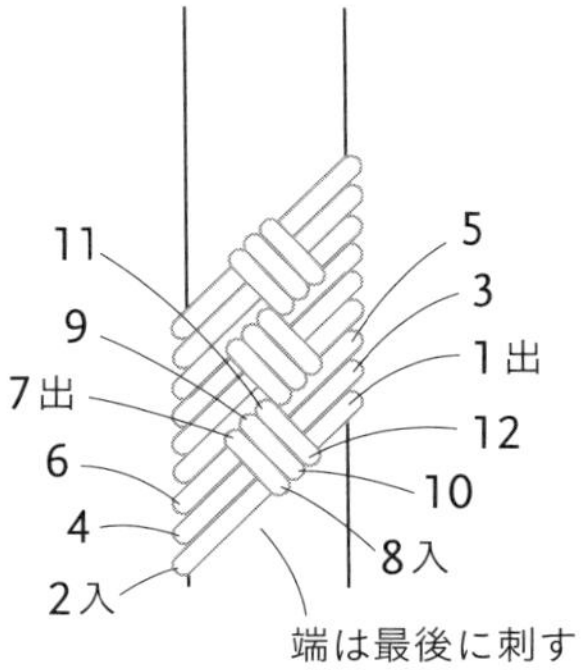
11
9
7出
6
4
2入
5
3
1出
12
10
8入
端は最後に刺す

槍袋 ►p.24

上二つの槍袋の格子繡いの格子は、図案を写すときにはかかず、
地に平繡いの下引きをしたあとに、三角定規(p.39)を使って、
間隔と角度(三角定規の細い角が30度)をはかりながら、刺していきます。
各文様とも、アルファベットの順番で刺してください。

(上)

A　地／平繡い／グレー(3799)／2本どり

B　飾り／斜め格子繡い／金(E3852)／1本どり(角度30°、5mm間隔で掛け繡い)

C　飾り／とじ糸／赤(349)／1本どり(Bの交点をとめる)

(中)

D　中央の縞／繡い切り／赤(349)2本どり

E　中央の縞／繡い切り／青(825)2本どり

F　上部と下部／平繡い／グレー(3799)／2本どり

G　上部と下部／斜め格子繡い／グレー(3799)／1本どり　とじ糸1本どり
(角度30°、5mm間隔で掛け繡い)

H　中央の縁とり／掛け繡い／金(E3852)／1本どり

I　中央の縁とり／とじ糸／茶(782)／1本どり

(下)

J　地／割繡い(繡い切り)／茶(782)／ 2本どり

K　地(底部)／繡い切り／茶(782)／1本どり

L　中心の線／掛け繡い／金(E3852)／1本どり

M　中心の線／とじ糸／茶(782)／1本どり

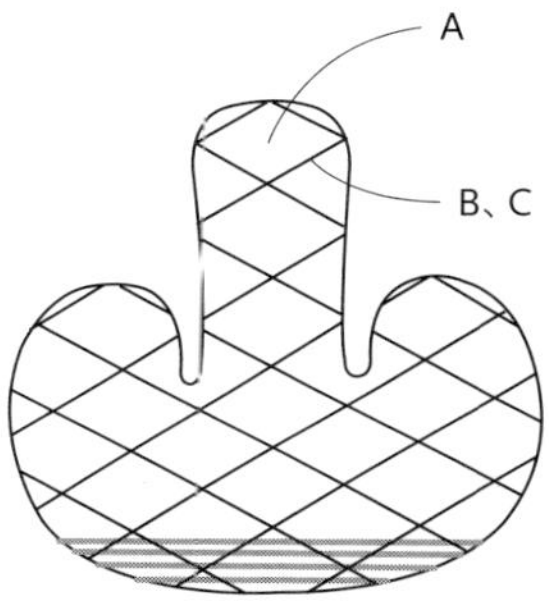
A
B、C

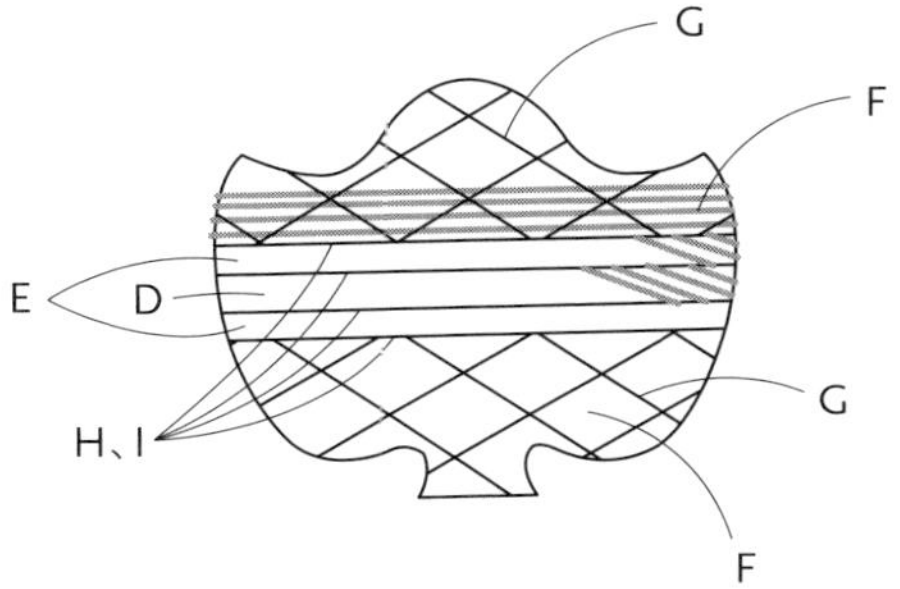
G
F
E
D
H、I
G
F

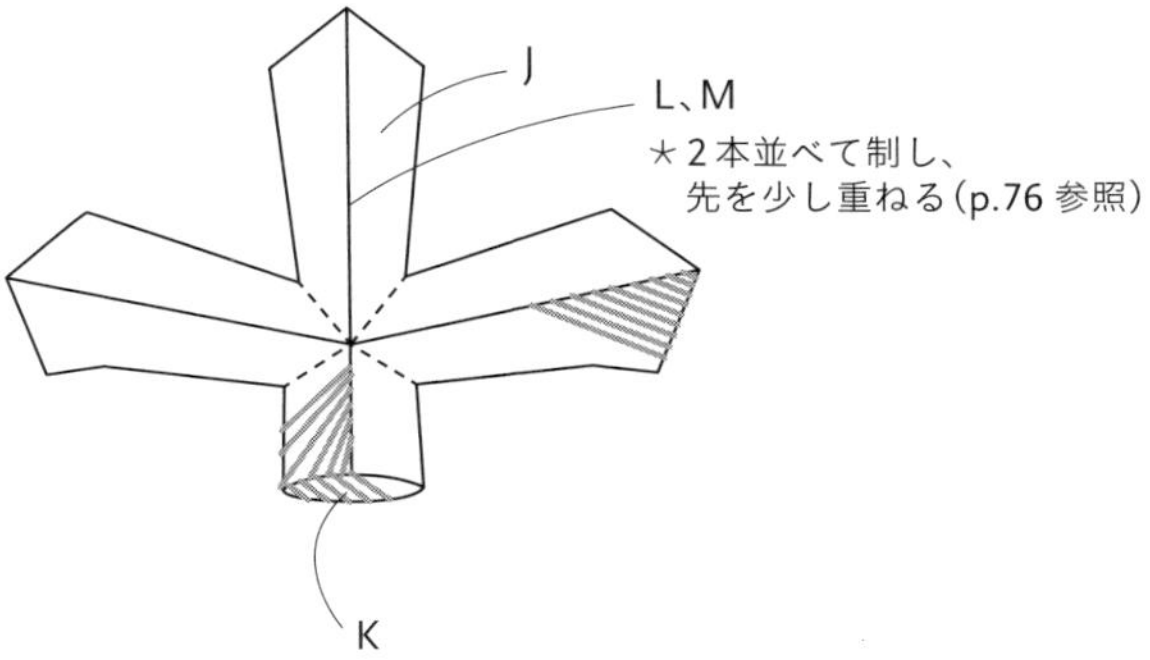
J
L、M
★2本並べて制し、
先を少し重ねる（p.76 参照）
K

家紋 ►P.26，27

この作品は、まず、図案の濃い色の面をステンシルなどで刷り、輪郭や模様のラインを刺繍しています。

月落桜

ステンシルで刷った面の花心部分を刺します。
まず、雄しべの丸を平繍いで刺し、ベースを掛け繍いで横方向に平行に刺し、
最後に雄しべの軸を掛け繍いで刺します。

A　花心／雄しべの丸／平繍い／黄(17)／1本どり
B　花心／ベース、雄しべの軸／掛け繍い／金(E3821)／1本どり

梅鶴

ステンシルで刷った面の輪郭と雄しべを刺します。

A　雄しべの丸／相良繍い／黄(17)／3本どり
B　雄しべの軸／掛け繍い／金(E3821)／1本どり
C　縁とり／とじまわし／金(E3821)／1本どり
D　縁とり／とじ糸／黄(17)／1本どり

ふくら雀

ステンシルで刷った面に輪郭と羽の線を刺します。

A　輪郭と羽の線／とじまわし／銀(E168)／1本どり
B　輪郭と羽の線／とじ糸／白(BLANC)／1本どり

深冠笠

ステンシルで刷った面の輪郭と笠の模様を刺します。

A　輪郭と模様／とじまわし／銀(E168)／1本どり
B　輪郭と模様／とじ糸／白(BLANC)／1本どり

月落桜

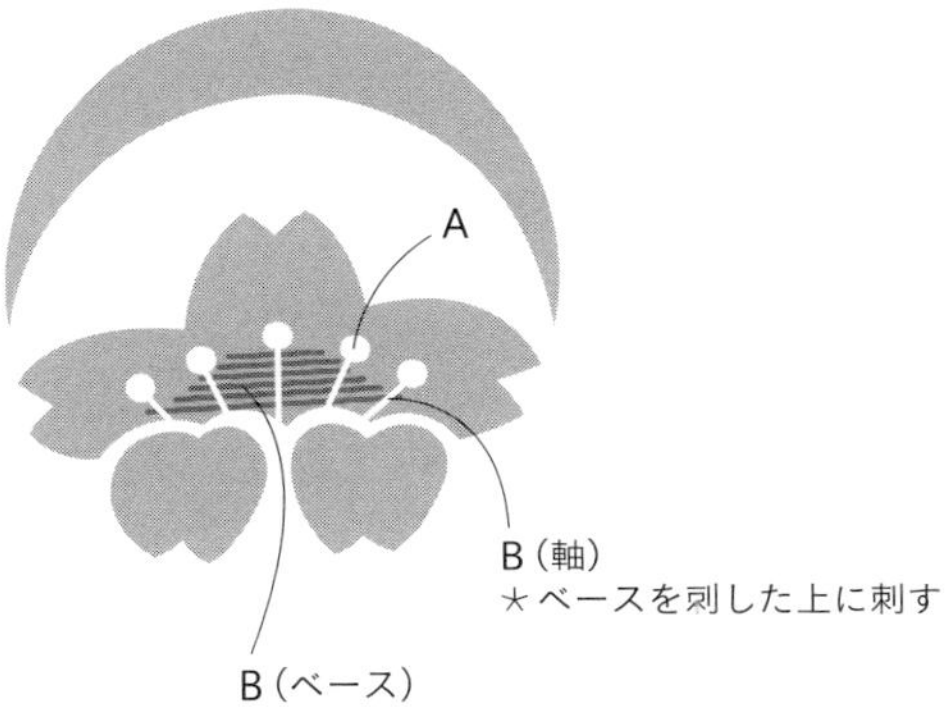
A
B（軸）
★ベースを刺した上に刺す
B（ベース）

梅鶴

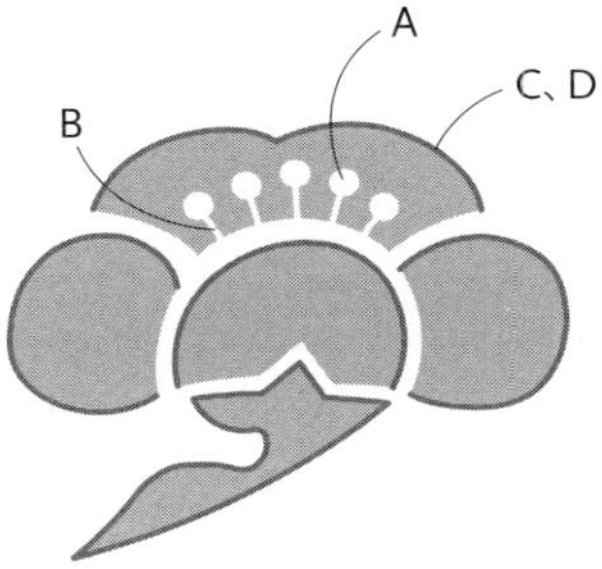
A
C、D
B

ふくら雀

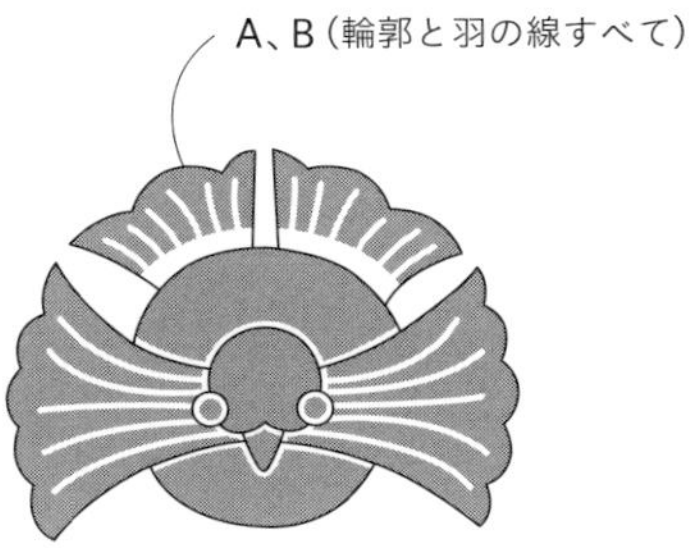
A、B（輪郭と羽の線すべて）

深冠笠

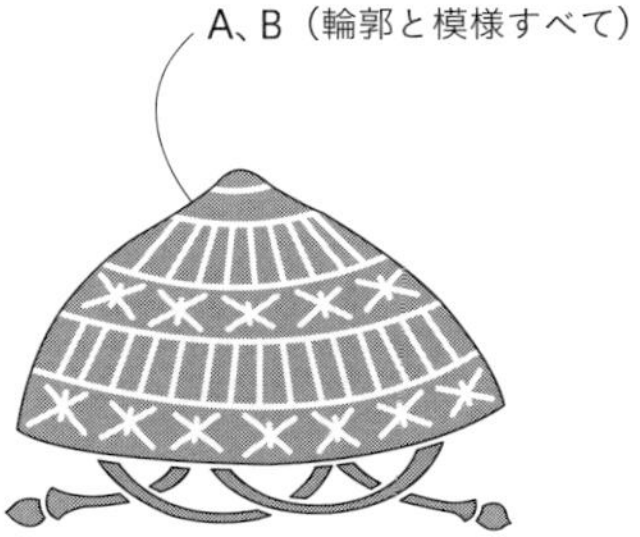
A、B（輪郭と模様すべて）

籠 ►P.28

まず、面をうめる繍い切り(A)、次に縁とりのまつり繍い(B)、
最後に柄(C、D、E)を刺すと刺繍のおさまりがよく、きれいに仕上がります。

A　中央部、底／繍い切り／茶(976)／2本どり
B　縁とり／まつり繍い／茶(976)／1本どり
C　柄／斜め格子繍い／茶(976)／1本どり　とじ糸1本どり
　(角度30°、5mm間隔で掛け繍い)
D　柄／掛け繍い／茶(976)／1本どり
E　柄／麻の葉繍い／茶(976)／1本どり　とじ糸1本どり

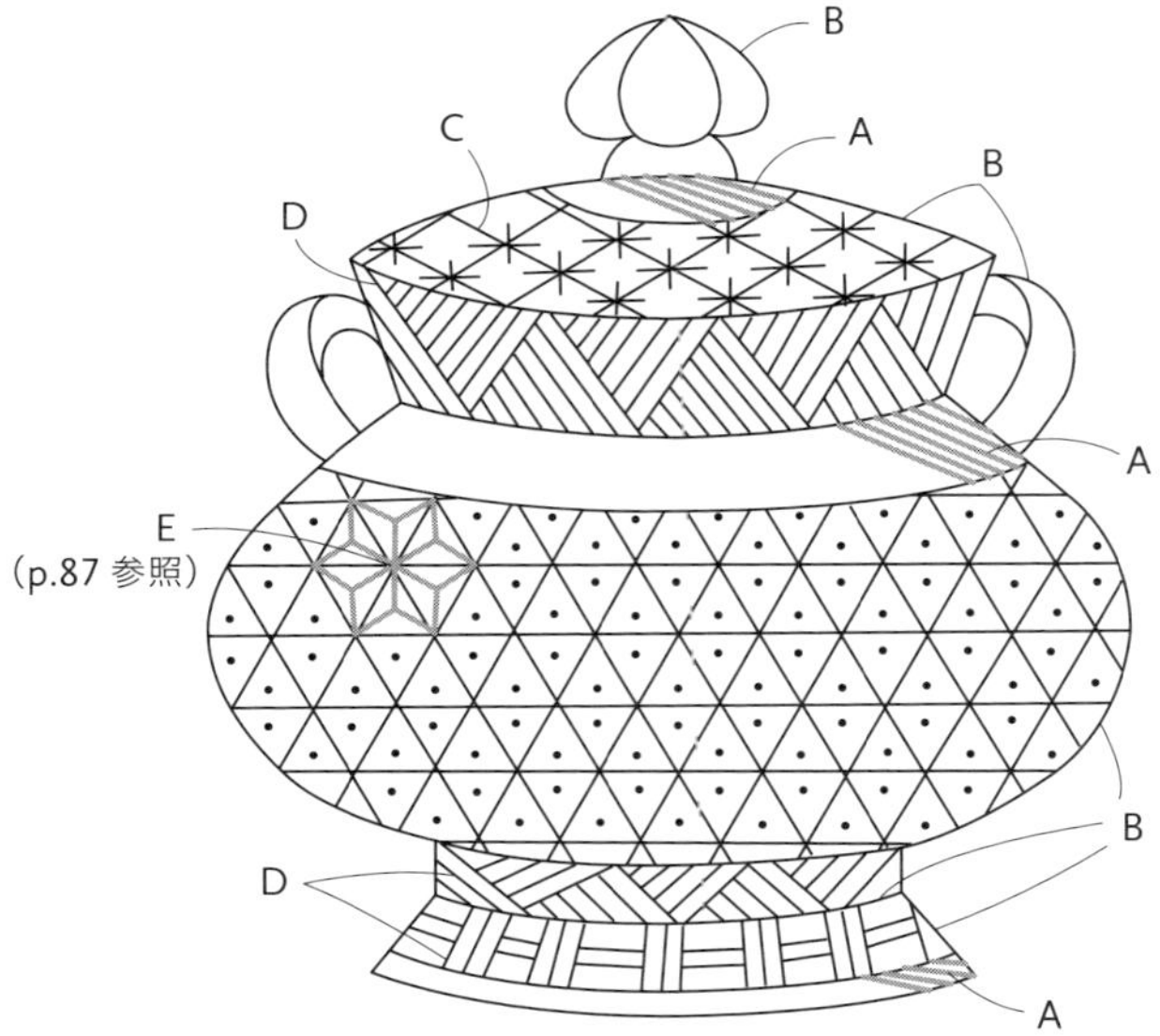

+麻の葉繍いの刺し方(E)

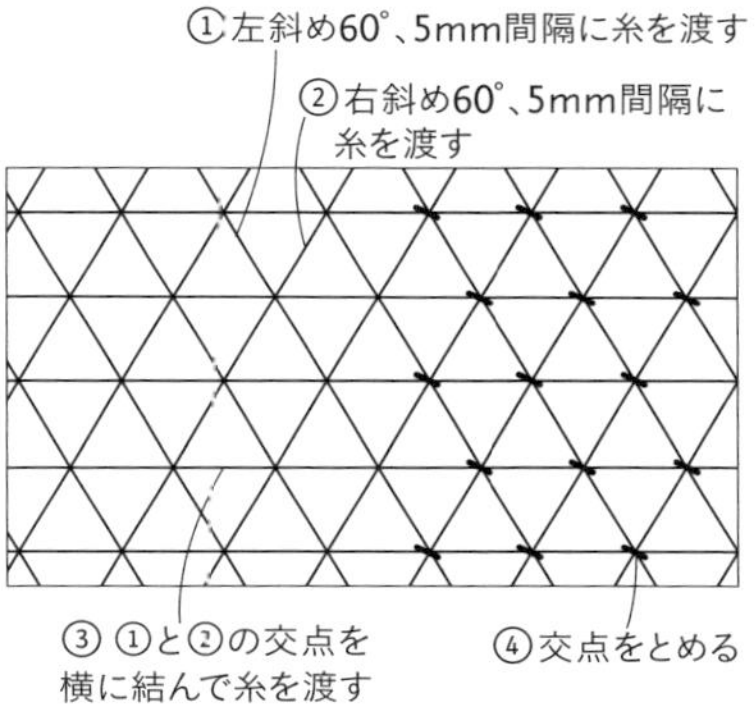
①左斜め60°、5mm間隔に糸を渡す
②右斜め60°、5mm間隔に糸を渡す
③ ①と②の交点を横に結んで糸を渡す
④交点をとめる

↓

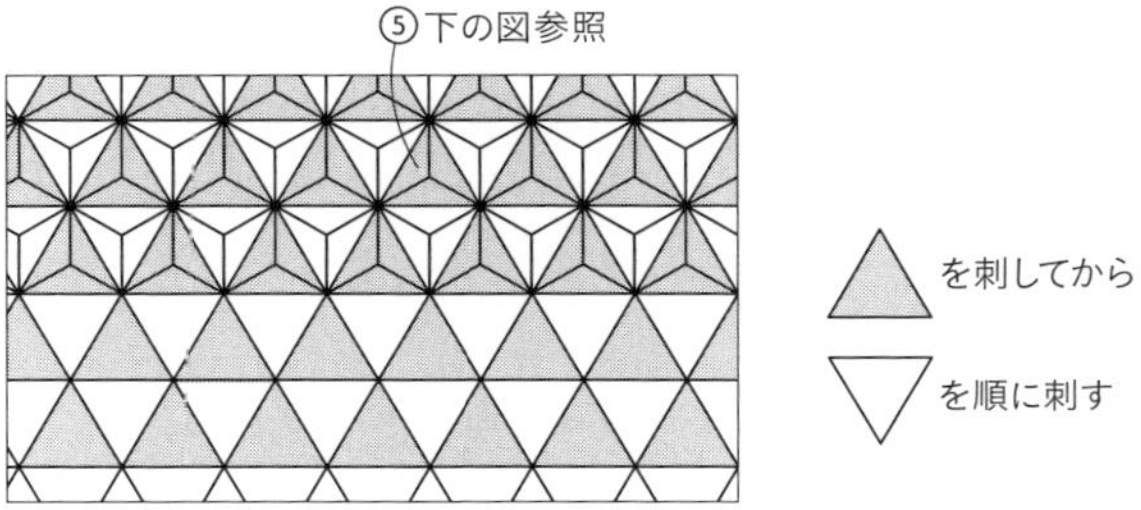
⑤下の図参照
を刺してから
を順に刺す

+麻の葉模様の刺し方

三角形の中に1〜4の順に糸を渡して刺す。
3から針を出すときは、1〜2の糸をすくうようにする

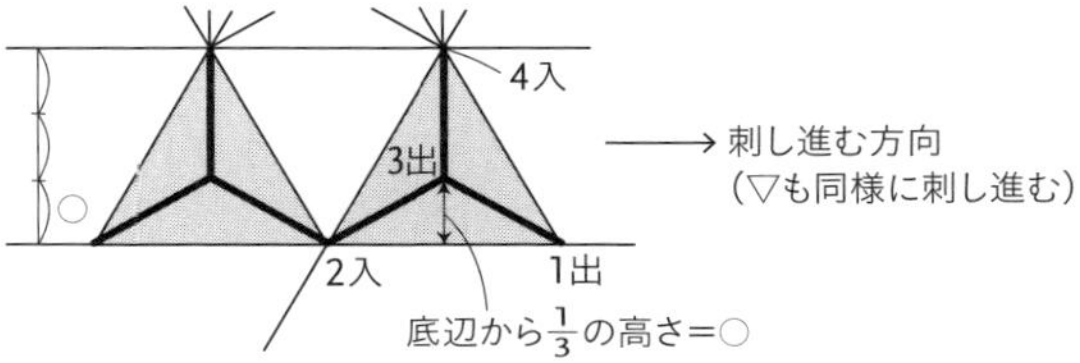
4入
3出
2入
1出
刺し進む方向
(▽も同様に刺し進む)
底辺から1/3の高さ=○

矢 ►P.25

3本の矢は右下、右上、左の順に刺します。

A　軸／まつり繍い／茶(3826)／1本どり

B　羽根／割り繍い／白(BLANC)／2本どり

C　羽根／割り繍い／赤(349)／2本どり

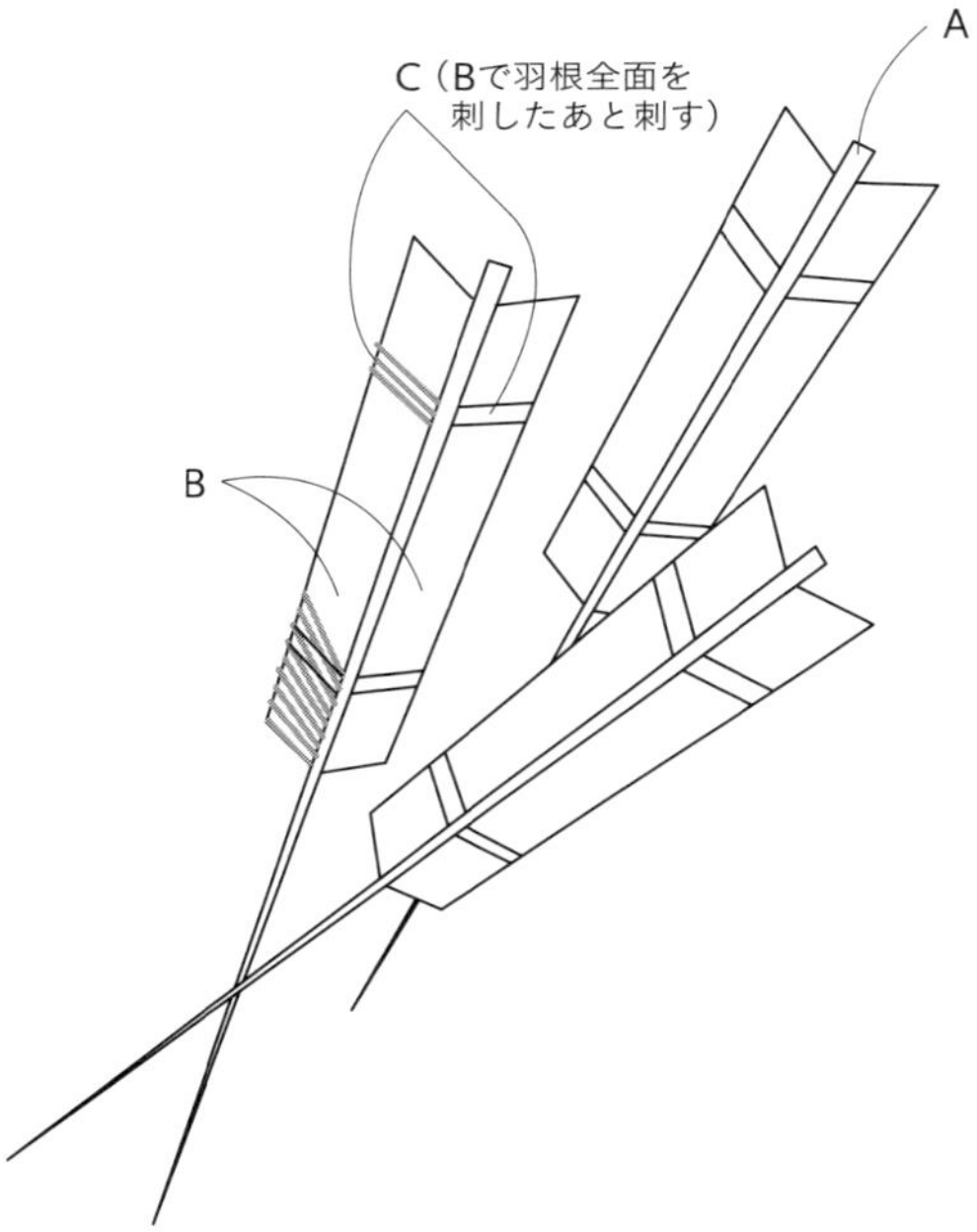

鹿 ►P.30

まつり繍いのみで仕上げる刺繍なので、刺し進む方向に気をつけながら刺していくと、なめらかな線の表現ができます。

A　体の輪郭／まつり繍い／茶(3826)／1本どり
B　角／まつり繍い／グレー(413)／1本どり
C　目／相良繍い／グレー(413)／2本どり

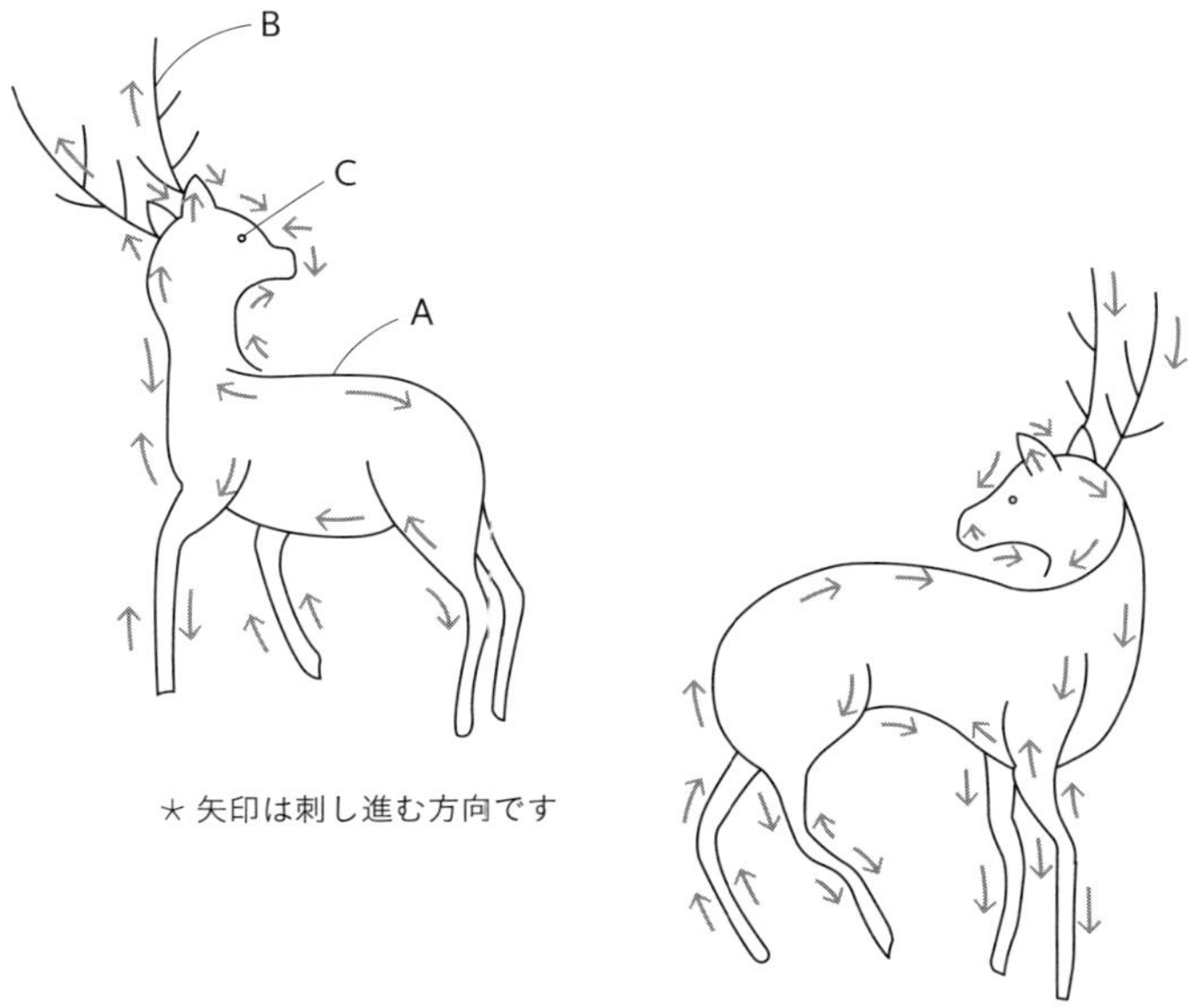

★ 矢印は刺し進む方向です

柳に燕 ►P.31

白い無地の日傘に刺しています。傘を開いて刺したい部分に図案を写し、
開いた状態のまま、刺繡台を使って刺すときと同様に、両手を使って刺繡をします。
布を刺繡台に張る必要がないので、すぐに刺繡が始められるのが手軽です。

A　燕の体／おがみ繡い（繡い切り）／黒（310）2本どり
B　燕の頭／平繡い／黒（310）／2本どり
C　燕の腹／平繡い／白（BLANC）／1本どり
D　燕の喉／平繡い／赤（350）／1本どり
E　燕の腹、頭の縁とり／まつり繡い／黒（310）／1本どり
F　燕の目／相良繡い／黒（310）／2本どり
G　柳の葉／繡い切り／緑（163）／1本どり
H　柳の葉／繡い切り／緑（3816）／1本どり
I　柳の枝／まつり繡い／緑（989）／1本どり

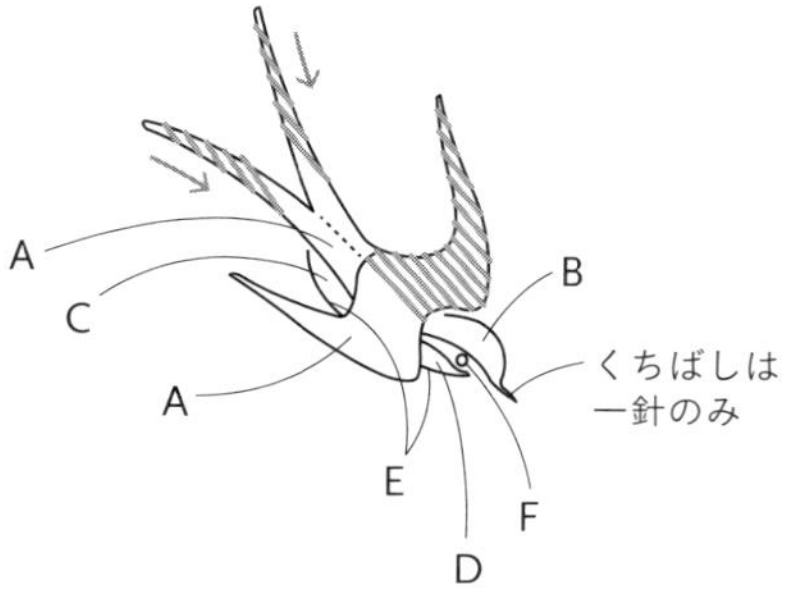

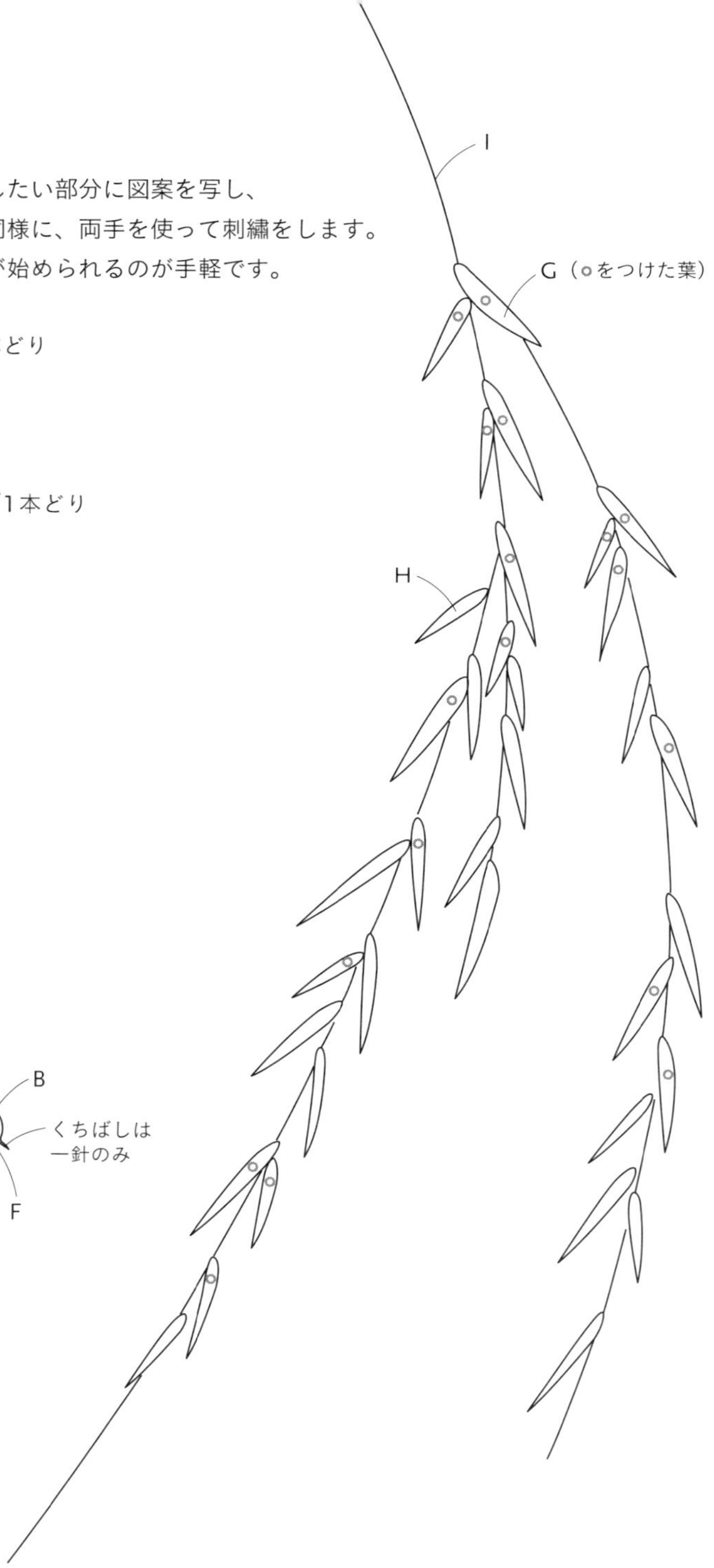

蛍 ►P.32

バッグやシャツ、ハンカチなどのワンポイントとして刺すとかわいい、小さな図案です。

A　羽／おがみ繍い(繍い切り)／グレー(3799)／2本どり
B　薄羽／おがみ繍い(繍い切り)／黄色(307)／2本どり
C　体／平繍い／金茶(676)／2本どり
D　目／平繍い／赤(347)／2本どり
E　頭の縁取り／掛け繍い／グレー(3799)／1本どり
F　触角／掛け繍い／金茶(676)／1本どり
G　頭 ／平繍い／グレー(3799)／1本どり
H　光／芥子繍い ／金茶(676)／1本どり

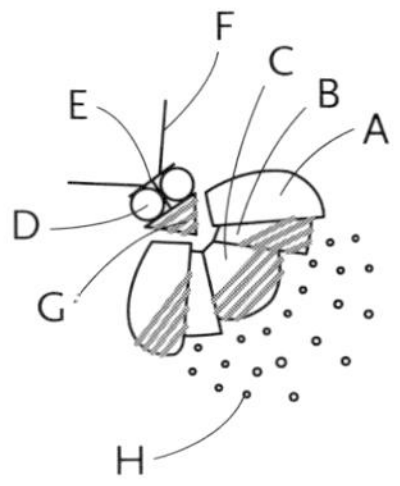

玩具 ►P.34

駒の飾り布(オレンジ)の平繍いの上に掛け繍いで飾りを刺すときは、
平繍いの糸のすきまではなく、糸の上から斜めに針を入れて刺すようにすると、
糸と糸のすきまができず、きれいに仕上がります。

A　駒の目とくつわ／平繍い／グレー(413)／2本どり
B　駒の瞳 ／相良繍い／黒(310)／2本どり
C　駒の額と鼻、こまの上面／平繍い／青(807)／2本どり
D　駒の顔と首／平繍い／白(BLANC)／2本どり
E　駒の首のライン／掛け繍い／白(BLANC)／1本どり　とじ糸1本どり
F　駒の耳の外側、棒の下地／繍い切り／白(BLANC)／2本どり
G　駒の耳の内側と紐／繍い切り／朱赤(606)／1本どり
H　駒の手綱／繍い切り／黄色(973)／2本どり
I　駒の手綱のラインとたてがみ／掛け繍い／茶(782)／1本どり
J　駒のたてがみの結び紐／掛け繍い／朱赤(606)／1本どり
K　駒の飾り布／平繍い／オレンジ(608)／2本どり
L　駒の飾り布の文様／掛け繍い／金(E3821)／1本どり
M　駒の飾り布の房、こまの上面／平繍い／朱赤(606)／2本どり
N　棒の模様／掛け繍い／朱赤(606)／2本どり
O　棒の先の玉／平繍い／黒(310)／2本どり
P　こまの上面／繍い切り／緑(561)／ 2本どり
Q　こまの側面／繍い切り／黒(310)／2本どり
R　こまの下面／平繍い／金茶(676)／2本どり
S　こまの軸／繍い切り／金茶(676)／2本どり
T　こまの紐／まつり繍い／茶(782)1本どり

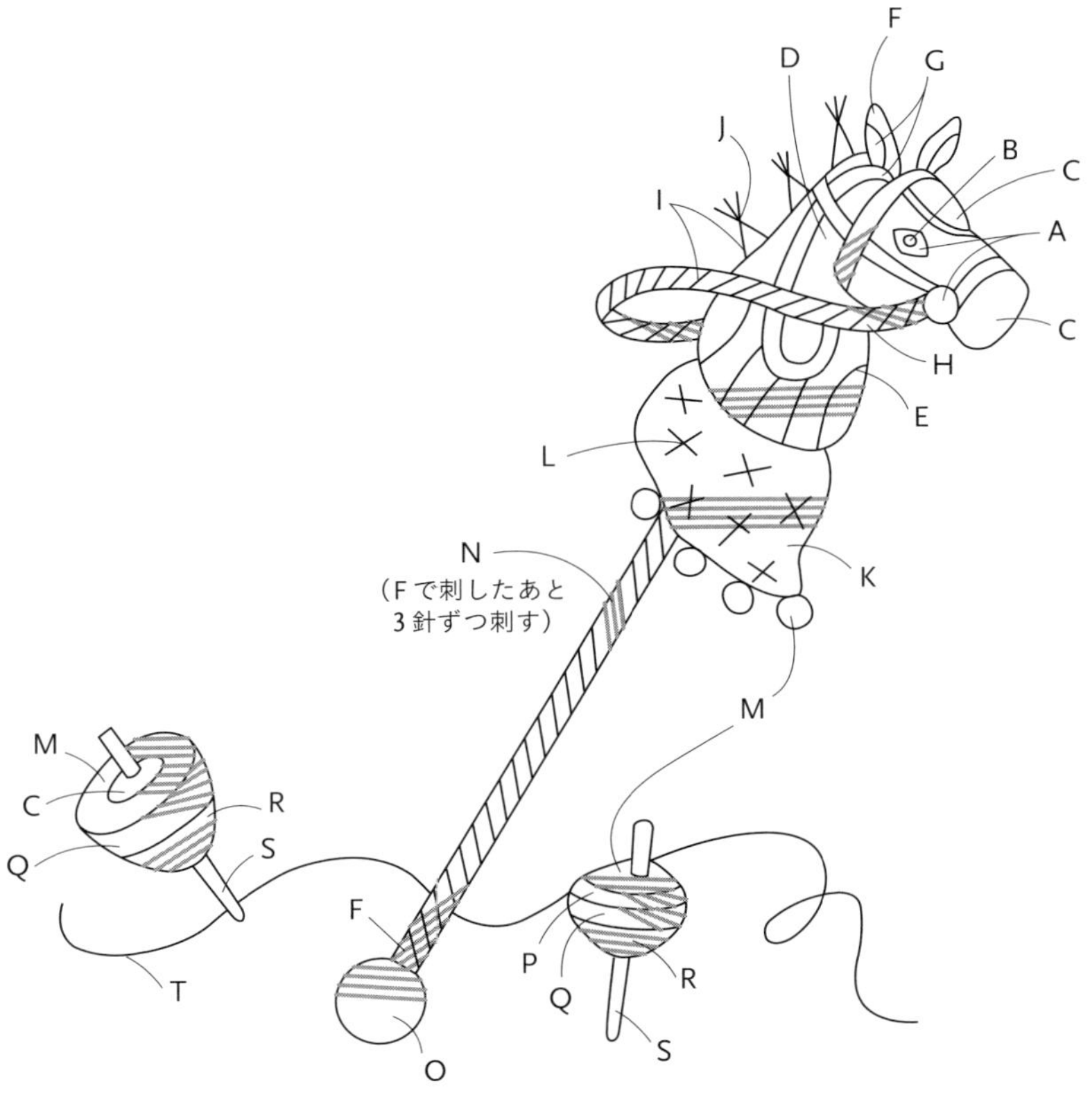
F
D
G
J
B
C
I
A
C
H
E
L
N
（Fで刺したあと
3針ずつ刺す）
K
M
M
C
R
Q
S
F
P
R
Q
T
S
O

蝶 ► P.33

輪郭のまつり繍いは針目をそろえて、丁寧に刺しましょう。

A　輪郭と触覚、模様のライン／まつり繍い／白(BLANC)／1本どり

B　模様／掛け繍い／ピンク(818)／1本どり

C　丸い模様／平繍い／ピンク(818)2本どり

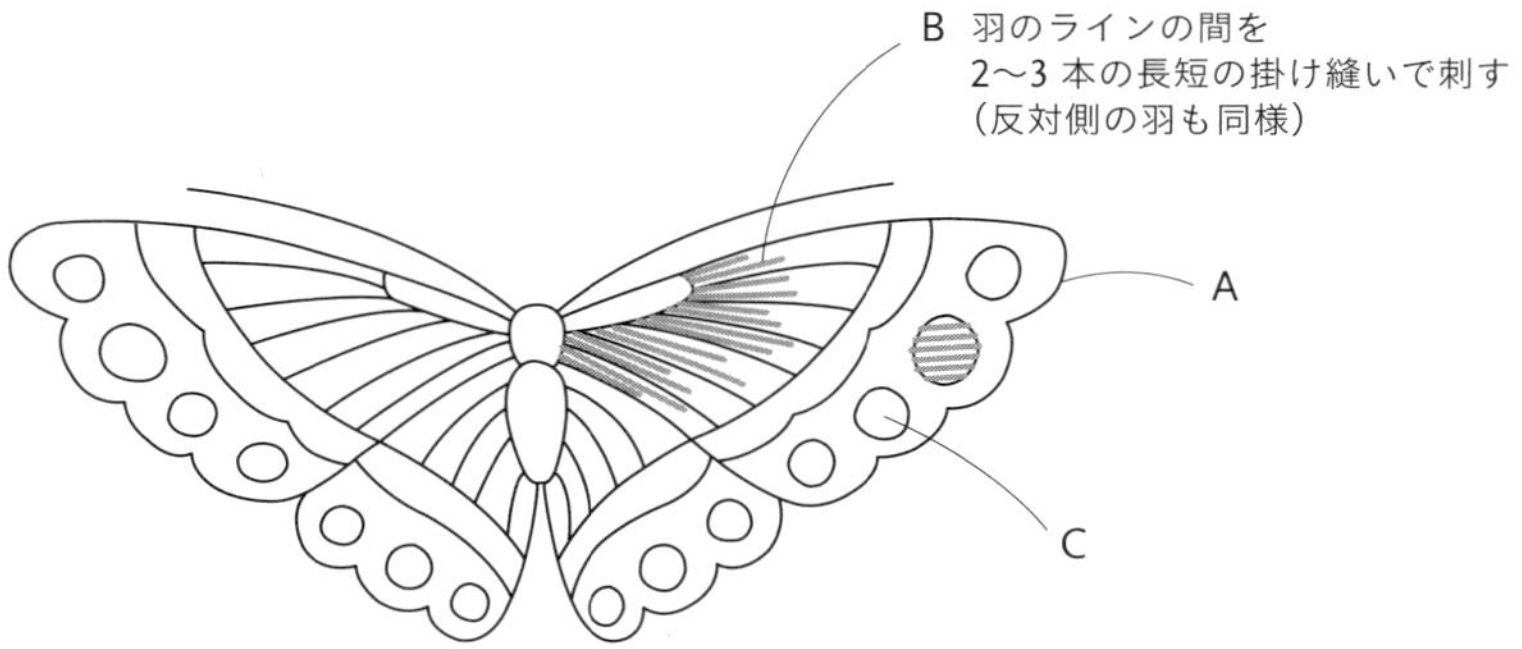
B　羽のラインの間を
2〜3 本の長短の掛け縫いで刺す
(反対側の羽も同様)
A
C

唐子 ►p.35

上衣の平繍いの上に掛け繍いで井桁に模様を刺すときは、p.92の玩具のときと同様に、
平繍いの糸の上に斜めから針を入れて刺すと、糸のすきまができず、きれいに仕上がります。

A　袖口／繍い切り／朱赤（606）／1本どり
B　上衣／平繍い／緑（906）／2本どり
C　上衣の柄／掛け繍い／金（E3821）／1本どり
D　襟／平繍い／緑（906）／1本どり
E　袴／平繍い／茶（869）／2本どり
F　靴／繍い切り／グレー（413）／1本どり
G　頭／平繍い／クリーム（3823）／2本どり
H　耳と手／繍い切り／クリーム（3823）／ 1本どり
I　こまの上面／平繍い／朱赤（606）／2本どり
J　こまの上面／平繍い／青（791）／2本どり
K　こまの上面／まつり繍い／青（791）／1本どり
L　こまの側面／平繍い／紫（327） ／2本どり
M　こまの下面／平繍い／アイボリー（746）／2本どり
N　こまの軸／繍い切り／アイボリー（746）／1本どり

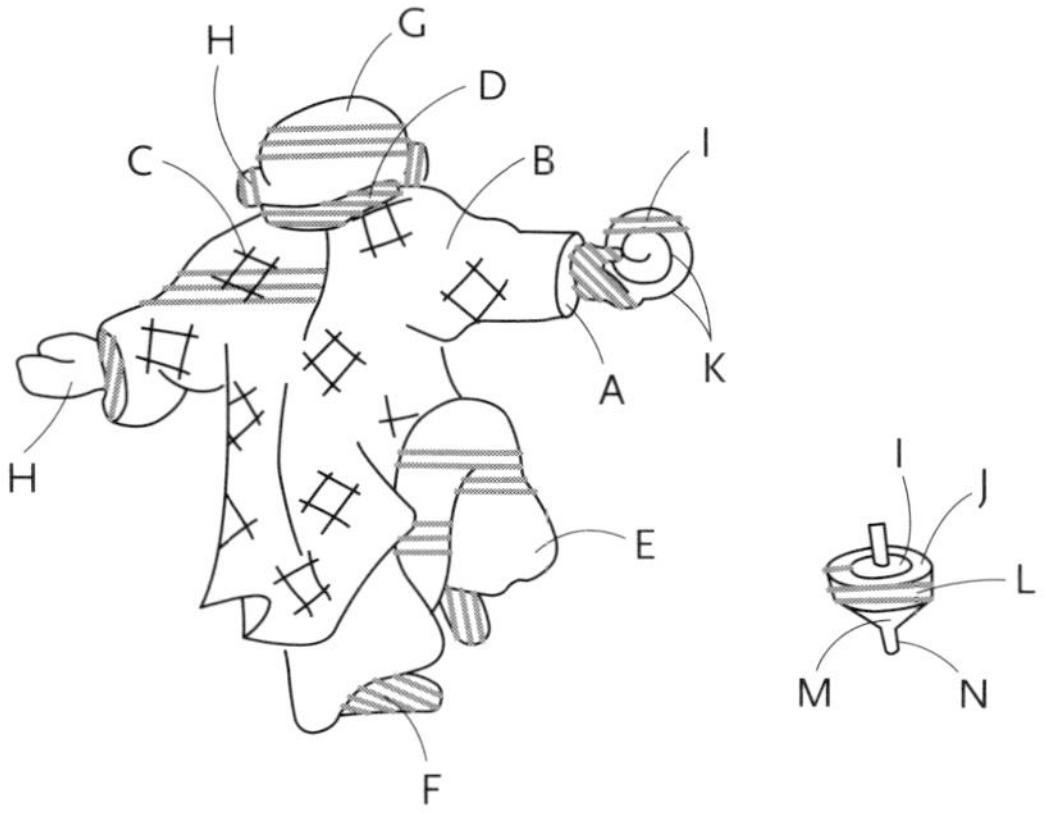

撮影　西山 航（世界文化社）
ブックデザイン　縄田智子　佐藤尚美（L'espace）
イラスト、図版　飯島 満
校閲　堀口惠美子
編集　小山内真紀　飯田想美

製作協力
型刷り　紋藤 川戸藤雄
製作助手　金井桂子
バッグ製作　寺崎和子

◆刺繍糸の提供
ディー・エム・シー株式会社
〒101-0035 東京都千代田区神田紺屋町13番地 山東ビル7F
TEL：03-5296-7831　www.dmc.com

◆日本刺繍針と駒の取扱い（p.38）
有限会社 糸幸
〒243-0307 神奈川県愛甲郡愛川町半原5707
TEL：046-281-1101

コットンの刺繍糸ではじめる日本刺繍

小さな和の文様

発行日　2019年2月20日　初版第1刷発行

著　者　秋山博美
発行者　井澤豊一郎
発　行　株式会社世界文化社
〒102-8187
東京都千代田区九段北4-2-29
電話　03-3262-5118（編集部）
03-3262-5115（販売部）
印刷　凸版印刷株式会社
DTP製作　株式会社明昌堂

ISBN 978-4-418-18424-8